다시 복음으로

당신이 하나님을 더 깊이 알아 가고 더 널리 알리는 사람이 되는 것, 이 책에 담겨진 예수전도단의 마음입니다. 말씀을 통해 저자가 깨닫고, 원고를 통해 저희가 누릴 수 있었던 그 감동이 책을 통해 당신에게도 전해지기 원합니다. 그리고 당신을 통해 그 기쁨과 은혜가 더 많은 이들에게 계속해서 흘러가기를 기도하겠습니다. 이 책을 통해 당신이 받은 은혜를 다른 분들에게도 나눠 주십시오. 사랑하고 축복합니다.

다시 복음으로

십자가의 복음으로 결론지는 삶

김용의 지음

예수전도단

이제, 완전하고 온전한 복음으로 함께 일어납시다!

복음이 처음 선포된 곳은 에덴동산 한복판이었습니다. 에덴은 여전히 아름다움과 풍성함 그 자체였습니다.

그러나 범죄한 아담과 하와에게 그곳은 더는 희락의 동산이 아니었습니다. 모든 것이 있었으나 아무것도 누릴 수 없던 그들에게 있어 이제 에덴동산은 두렵고 머무를 수 없는 저주의 땅이었습니다. 하나님은 여전히 선하시며 영원하신 창조의 주님이요 변함없는 사랑이셨으나 반역한 그들에게는 두려워 피해 숨어야 하는 심판주요 재판장이었습니다.

풍성한 희락의 동산에서 목마름과 저주의 실존으로 타락한 인간! 그들에게 필요한 복음은 더 나은 환경과 유리한 조건이 아닌, 죄의 덫에 걸린 생명을 구원할, 죄와 사탄의 세력에서 구원할 구세주의 복음, 곧 십자가의 복음이었습니다(창 3:15).

마지막 완성된 복음이 선포된 곳은 떠들썩한 세상 한복판이었습니다. 그곳은 더는 에덴의 모습은 없는, 가시덤불이 뒤덮은 거친 광야와 같았습니다. 가난과 절망, 억압과 고통, 폭력과 무법이 판을 치고, 권력과 종교의 화려함과 위장된 평안은 가진 자들의 탐욕의 도구로 전락하고, 목자 잃은 양처럼 유리하고 방황하는 불쌍한 영혼들은 무엇을 구해야 할지 어떤 복음이 필요한지조차 알 수 없는 죄인들이었습니다. 가진 자와 가난한 자 모두 육신에 속한 소욕을 따라 양식 아닌 것들을 위해 은을 달 뿐이었습니다.

이 절망적 운명을 바꿀 복음은 결코 인간에게서는 나올 수 없는, 전능하신 하나님의 지혜와 능력의 수준에서만 가능한 것이었습니다. 창세 전부터 예비된 이 구원의 비밀, 진정한 복음은 우리의 죄악을 짊어지고 죽임당한 그리스도, '십자가의 도'였습니다(벧전 2:24-25).

멸망을 앞둔 성읍처럼 허망한 자들의 지절거림과 몽매한 자들의 웅성거림, 무리의 비방과 사망의 두려움, 떼 지어 몰려다니며 들짐승처럼 으르렁거리는 포악한 자들의 기세, 화려함과 세력을 과시하며 진리를 무시하고 부끄러움을 자랑하는 자들의 움직임은 지금도 변함없이 온 땅에 가득합니다. 역사의 종말을 재촉하듯 하나님을 대적하고 복음에 저항하는 세속적 정치권력, 종교적 광기, 도덕과 인륜을 포기한 문화, 죄악에 물든 사회, 무모한 과학의 교만이 넘실대고 있습니다.

터진 댐처럼 어두움의 세력이 덮쳐들고 부끄러움을 영광으로 삼는 세상 한복판에서 하나님의 교회도 위협받고 있습니다. 복음을 부끄러워하며 철학으로 십자가를 대신하고, 거룩을 포기하고 타협하며, 경건의 능력보다 종교적 조직과 모양을 힘으로 알고, 세상과 구별되기보다 세속의 등에 업혀 겁에 질려 있습니다.

이 세대는 머리 깎인 삼손처럼 인간의 심리학, 경영 원리, 엔터테인먼트 따위의 도움을 받아 근근이 유지하며 살아갑니다. 그런데도 그것들이 낡아빠진 십자가와 무식한 기도보다 수준 높은 지혜이자 능력인양 설쳐댑니다. 이러한 세대에서는 복음이 초라하게 느껴지고 진리의 외침이 설 자리를 잃을 수밖에 없습니다. 혼돈과 어두움 가운데 복음을 위해 부르심을 받았다는 우리조차 이 복음이 자신에게 실제가 되지 못한다는 절망으로 깊은 어두움의 터널을 통과해야 했습니다.

그제야 우리는 알게 되었습니다. 하나님이 주신 복음은 결코 나 하나도 변화시킬 수 없는 무기력한 복음, 이론뿐인 서류 보관용 복음, 시대가 지난 낡아빠진 복음, 죄책감 쓰레기 하치장용 복음일 수 없다는 진리를 말입니다. 하나님이 주신 복음은 우리를 변화시키는 복음이었습니다. 지옥의 권세를 부수고 죄와 사탄의 세력에서 구원하시며 자아의 끔찍한 감옥에서 해방시키고 세상을 이기게 하는 완벽한 승리의 복음이었습니다. 이제까지 세류에 밀려 우리가 무시했던 복음, 조급증 난 현대판 죄인들의 욕구에 떠밀린 십자가 복음, 또 하나의 새로운 복음이 아니라, 영원한 복음인 십자가의 그리스도, 오직 십자가, 더욱 십자가, 십자가 복음이면 충분한 것입니다.

그래서 우리는 우리가 보고 들은 이 완전하고 온전한 복음을 말하지 않을 수 없습니다(행 4:20; 렘 20:9). 등불은 비추라고 켜 둔 것이고, 소금은 짠 맛을 내라고 있는 법입니다. 하나님 편에 선 사람, 복음의 진리에 목숨 건 교회는 결코 조는 파수꾼과 소리 나지 않는 나팔처럼 잠잠할 수 없습니다. 그래서 우리는 복음이 영화롭게 되는 오직 그 일만 소망하며 믿고 있습니다.

하나님을 잃어버린 인생은 마치 하나님의 영광이 떠난 예루살렘처럼 폐허 같고 상하고 척박해진 소망 없는 땅과 같습니다. 무엇으로 그 땅을 치유하며 에덴의 아름다움으로 회복할 수 있을까요? 무엇으로 오래 황폐하였던 곳을 다시 쌓고, 예부터 무너진 곳을 다시 일으키며, 대대로 무너져 있던 것들을 중수하겠습니까? 누가 이런 희망을 줄 수 있습니까? 세상을 창조하시고 그 세상을 이처럼 사랑하신 하나님이 우리에게 주신 바 된 복음 자체이신 분, 바로 십자가의 예수 그리스도뿐입니다!

> 주 여호와의 영이 내게 내리셨으니 이는 여호와께서 내게 기름을 부으사 가난한 자에게 아름다운 소식을 전하게 하려 하심이라 나를 보내사 마음이 상한 자를 고치며 포로된 자에게 자유를, 갇힌 자에게 놓임을 선포하며 여호와의 은혜의 해와 우리 하나님의 보복의 날을 선포하여 모든 슬픈 자를 위로하되 무릇 시온에서 슬퍼하는 자에게 화관을 주어 그 재를 대신하며 기쁨의 기름으로 그 슬픔을 대신하며 찬송의 옷으로 그 근심을 대신하시고 그들이 의의 나무 곧 여호와께서 심으신 그 영광을 나타낼 자라 일컬음을 받게 하려 하심이라 사 61:1-3

이 복음이 닿는 곳마다 회복과 치유가 일어나 하나님을 영화롭게 하는 일들이 생겨납니다. 그래서 이 십자가의 복음을 담대히 외치며 자랑하는 복음기도신문의 글을 모아 책으로 펴내게 되었습니다. 작고 부족한 내용들이지만, 부디 이 책이 하나님 백성의 심령을 소성케 하며 복음기도동맹군을 일으키길 소망합니다. 하나님 나라의 부흥과 선교 완성을 이루는 생명의 통로가 되고, 이 땅에서 복음을 영화롭게 하는 충직한 하나님의 도구가 되기를 기도합니다.

진리는 고독해도 날로 담대하며, 복음은 영원합니다. 지금은 이 세대를 향해 함께 일어서 외쳐야 할 때입니다. 여리고를 무너뜨린 함성처럼, 예루살렘을 뒤흔든 합심기도처럼, 복음을 사랑하고 기도로 결론내린 사람들이 생명의 사슬 되어 사탄의 세력을 밟고 승리의 잔을 주께 올려 드립시다.

"내게는 결코 십자가 외에 자랑할 것이 없다. 예수면 다다! 나는 죽고 그리스도가 사신다. 부활하신 예수께서 심판주로 오신다. 복음과 기도로 선교는 완성된다. 영원한 왕, 살아 계신 영광의 하나님, 홀로 하나이신 여호와, 찬송과 영광을 받으소서! 마라나타!"

목차

1 절대 믿음

모든 것을 다스리시는 하나님만을 믿음의 근거 삼다

2 전적 헌신

예수 제자의 삶이 최고의 가치이기에 자신을 온전히 드리다

3 조건 없는 연합과 섬김

하나의 밀알이 썩어 열매 맺듯 희생과 겸손으로 하나 되다

4 선교 완성

세계 복음화 완성을 향한 하늘 아버지의 부르심에 참여하다

PART 1

절대 믿음

모든 것을 다스리시는
하나님만을 믿음의 근거 삼다

복음을 믿는다는 것은 곧 진리를 믿는 것입니다

사람이 두려워하는 것 가운데 하나는 홀로되는 것입니다. 하지만 아무리 사랑하는 남편, 아내, 자식이라 하더라도 언젠가는 우리 곁을 떠납니다. 인생에서 가족이나 건강, 재산을 잃는 것은 크나큰 충격입니다. 하지만 주님과 함께한다는 확신 없이 사는 인생보다 더 무서운 것은 없습니다. 이 세상을 살아가는 하나님의 백성에게 가장 완전한 약속이 있다면 '내가 너와 함께하리라'는 것입니다.

주님이 십자가에서 죽으실 것을 말씀하실 때, 제자들은 근심이 가득했습니다. 그때 주님은 "내가 너희와 함께 있기를 원하는 것을 안다. 하지만 내가 가지 않으면, 성령님이 너희 안에 오실 수가 없다"라고 하셨습니다. 주님이 옆에 계실 때는, 주님은 주님이고 나는 나일 수밖에 없습니다. 주님은 물 위를 걸으셨지만 베드로는 물에 빠질 수밖에 없었습니다. 예수님을 눈앞에 두고도 실수하고, 예수님을 눈앞에 두고도 변하지 않는 것이 우리입니다. 하지만 보혜사 성령님이 오시면, 자나 깨나 앉으나 서나 그분이 우리 안에서 영원히 함께 계십니다. 그래서 주님은 "내가 너희를 떠나는 것이 유익이다"라고 하신 것입니다.

하지만 죄인의 몸에 그냥 거룩한 성령님이 오신다면, 우리는 불로 소멸해 버릴 수밖에 없습니다. 하나님의 거룩은 죄와 공존할 수 없기 때문입니다. 그래서 십자가 없는 성령님의 내주는 불가능합니다. 주님이 십자가 구속을 완성하셔야만, 내 안의 죄 문제가 해결되고 거룩한 하나님이 내 몸을 성전 삼아서 오셔도 괜찮은 것입니다.

> 그러므로 이제 그리스도 예수 안에 있는 자에게는 결코 정죄함이 없나니 이는 그리스도 예수 안에 있는 생명의 성령의 법이 죄와 사망의 법에서 너를 해방하였음이라 롬 8:1-2

사탕을 먹고 나서 사과를 먹으면 아무리 맛있는 사과라도 쓰게 느껴지는 것처럼, 성령님이 내 안에 오시면 세상 모든 정욕을 거들떠보지 않게 됩니다. 죄는 작정하고 노력하여 버릴 수 있는 것이 아닙니다. 기쁨의 근원 되신 성령님이 복음을 살아내게 해주시고, 우리 마음을 위로해 주시며, 하늘나라의 소망으로 기뻐하게 해주시고, 세상의 더러운 가치를 별 볼 일 없게 해주시는 것입니다.

사탄의 권세 아래에서 우리를 건져 내는 길을 하나님이 역사적으로 보여 주신 것이 바로 출애굽 사건입니다. 아홉 가지 재앙으로 완전히 거덜이 나고도 항복하지 않는 '바로'를 심판하는 마지막 방법은 죽음이었습니다. 죽음 외에는 사탄의 손에서 벗어날 길이 없는 것입니다. 그런데 하나님이 공의의 심판을 집행하시면 이스라엘 백성도 똑같은 죄인이기 때문에 함께 죽게 됩니다. 이스라엘을 구원하려고 하는데, 이스라엘이 죽어 버리면 무슨 소용이 있습니까. 암세포를 죽일 수 있는 독한 약이 없는 것은 아니지만, 그 약을 쓰면 사람도 죽기 때문에 못 쓰는 것과 마찬가지입니다. 우리의 죄를 해결하기 위해서는 심판을 해버리면 되는데, 그렇게 하려니 우리까지 죽어 버리는 것입니다. 그래서 이것을 해결한 비밀이 바로 '십자가의 도'에 있습니다.

하나님은 누군가 나를 대신할, 그러나 죄는 없는 대속의 제물을 준비하셔서 내 죄목과 내 이름을 붙이고 나에 대한 심판을 그에게 하셨습니다. 이제 나는 그것을 믿기만 하면 됩니다. 그 대속의 제물에게 일어난 일을 내가 당한 일로 받아들여, 그가 채찍에 맞으면 내가 채찍에 맞은 것으로 그가 죽으면 나도 죽은 것으로 실제로 참여하면, 하나님께서 이 '믿음'을 의로 여기셔서 내 죄가 해결되었다고 인정해 주시는 것입니다.

예수님은 나의 대속물이 되어 주기 위해서, 나와 똑같은 운명을 살아내기 위해서, 인간의 몸에서 잉태되고 태어나고 채찍을 맞고 죽임을 당하고 부활하고 승천하셨습니다. 나는 오직 그것이 내게 이루어진 것으로 받으면 됩니다. 이제 나는 내 자격으로 사는 것이 아니라 주님의 자격으로 사는 것입니다. 십자가 보혈의 능력이란 바로 이것을 말합니다. 주님 죽을 때 내가 죽었기에, 이제 내 안에는 주님이 사시는 것입니다.

복음의 내용을 믿는다는 것은 '진리'를 믿는 것입니다. 십자가에서 이루어진 일이 무슨 일인지, 도대체 무엇을 갚아 주셨는지, 나에게 무슨 일이 일어났는지, 복음에서 내 안에 허락된 것이 무엇인지 정확히 알고 믿어야 온전한 믿음입니다. 그냥 덮어 놓고 믿는 것이 믿음이 아닙니다. '복음의 진리'에 나의 생명으로 화합하는 것이 살아 있는 믿음입니다.

여러분은 언제 자신에 대해 완전한 죽음을 경험하셨습니까? 이제 정직하게 성령님의 감동에 반응하시기 원합니다. 결단하는 여러분을 성령님이 도우십니다.

예수님은 목숨을 걸고 선택해야 합니다

인생이란 선택의 결단 앞에 놓인 기회입니다. 결단하는 것이 어렵다고 결단을 피하고 살 수는 없습니다. 내가 원하든 원하지 않든, 남이 내 인생을 내버려 두지 않기 때문입니다. 결단을 하지 않으면 결단을 당하는 인생을 살게 됩니다.

기생 라합은 자신의 인생에 찾아온 기회를 단호하게 붙잡은 사람입니다. 라합이 살고 있던 가나안 땅의 족속들은 악하기 짝이 없었습니다. 온 피조 세계의 주인이신 하나님은 그들의 악함을 보시고 이스라엘 백성을 통해 그 땅의 심판을 예고하셨습니다.

여리고 사람들은 이스라엘 군대가 그들이 섬기는 여호와라는 신을 힘입어 애굽 군대를 홍해에서 몰살시키고 요단 동편의 강한 나라들을 물리치며 온다는 소문을 듣고 간담이 녹았습니다. 죄악이 충만하여 살아가던 그들에게, 그들이 원하든 원치 않든 하나님의 실체가 이스라엘을 통해서

다가오고 있었던 것입니다.

여리고 성에서 그저 그렇게 살고 있던 기생 라합에게 어느 날 인생 전체를 거는 결단을 요구하는 기회가 찾아왔습니다. 라합의 술집에 이스라엘 정탐꾼들이 들어온 것입니다. 만약 라합이 이 기회를 그냥 보내 버린다면, 다른 여리고 사람들처럼 며칠 더 안전하게 살 수 있을지는 몰라도 결국은 이스라엘 군대에게 망할 수밖에 없는 운명이었습니다.

오늘날 우리도 마찬가지입니다. 이 세상의 일이라는 것이 기껏 해봐야 며칠 더 살고 덜 사는 차이밖에 없는 게 현실입니다. 그게 사실이라면 정말 확실한 것에 내 삶을 투자해야 하지 않겠습니까? 언제까지 질질 끌려 다니며 결단을 당하는 삶을 살다가, 죽음조차도 결단을 당한 채로 맞이해야 할까요.

라합은 기회의 순간에 정확하게 판단했습니다. 소문으로만 들은 하나님을 목숨 걸고 선택한 것입니다. 그런데 어처구니없게도 이스라엘 백성은 광야에서 40년 동안 기적을 체험했어도 진정 주님을 알고 그분의 편으로 완전히 돌아서는 결단을 계속 유보했습니다. 결국 그들은 광야에서 불신으로 죽어갔습니다. 하지만 라합은 소문으로만 들은 하나님을 믿음으로 붙잡았습니다.

이렇듯 결단은 지적으로 동의한다고 되는 것이 아닙니다. 결단은 사느냐 죽느냐의 문제입니다. 예수 그리스도를 선택할 때 우리는 목숨을 걸고 선택해야 합니다. 이전까지의 내 삶을 완전히 십자가 죽음에 넘겨 예수님과 함께 살고 예수님과 함께 죽기로 결단할 때, 비로소 우리에게 찾아온 영생의 기회를 취할 수 있습니다.

라합은 이 결단을 통해 하나님의 백성이 되는 복을 획득했을 뿐만 아니라 다윗 왕조의 계보를 이어가는 하나님의 복의 통로가 되었습니다. 마찬가지로 내 인생도 하나님 손에 붙들리기만 하면 복의 근원이자 복의 통로가 될 수 있습니다.

또한 라합은 이 놀라운 복을 혼자 누리지 않았습니다. 자신의 영향력 안에 있는 모든 사람을 집으로 불러 모아 생명의 통로 역할을 했습니다. 붉은 줄을 매달아 표시한 라합의 집은, 저주와 부끄러움의 술집에서 구원과 영생의 집으로 바뀌었습니다.

라합은 하나님에 대한 단편적인 지식밖에 가지고 있지 못했지만, 목숨을 걸고 하나님을 붙드는 결단을 통해 자신뿐만 아니라 다른 사람도 구원했습니다.

그런데 우리는 기생 라합보다는 더 많은 지식을 갖고 있지 않습니까? 오늘날 한국교회의 엄청난 시스템, 방대한 기독교 서적, 어마어마한 성경지식, 훈련, 세미나를 생각해 보십시오. 라합은 그 적은 지식으로도 하나님의 약속의 실체를 보았는데, 우리의 믿음이라는 것이 우리의 작은 삶 하나 바꿀 수 없다면 그것을 과연 믿음이라고 할 수 있겠습니까?

예수 그리스도 없이 서 있는 지금 그 자리는 결코 안전하지 않습니다. 믿음의 결단만이 우리의 삶을 바꿀 수 있습니다.

십자가가 실제가 되는 삶

오병이어의 기적을 본 수많은 사람이 예수님을 좇았습니다. 이유는 떡을 먹고 배부른 까닭이었습니다. 하지만 예수님은 떡을 구하는 그들에게 자신은 하늘에서 내려온 참 떡이며, 자신의 생명을 십자가에서 내어 주기 위해 왔다고 말씀하셨습니다. 오늘날에도 수많은 사람이 내게 떡을 주는 예수님, 나의 문제 해결사 예수님을 찾습니다. 그러나 십자가를 빼놓은 복음이란 있을 수 없습니다.

그렇다면 십자가를 통해서 주님은 나를 '무엇으로부터' 건지셨으며, '무엇으로까지' 구원하신 것입니까. 구원이란 우리를 죄와 사탄에게서 건질 뿐만 아니라 하나님의 자녀답게 살아가게 하는 능력까지 포함합니다. 이스라엘 백성의 출애굽에서 그 의미를 가늠해 볼 수 있습니다.

하나님은 이스라엘 백성을 애굽 땅에서 건져내는 데 그치지 않고 가나안 땅까지 인도하셨습니다. 사악한 주인인 '바로'의 권세에서 벗어나기 위해 이스라엘 백성이 한 일은 아무것도 없었습니다. 그것은 오로지 하나님의 주권적 구원이었습니다. 마찬가지로 우리에게도 주권적으로 역사하신 하나님은 우리 삶의 실제적인 주인이었던, 도저히 벗어날 수 없었던 '죄'에서 우리를 구원하셨습니다. 또 놀라운 것은 우리를 죄와 사망에서 건져냈을 뿐만 아니라 병든 자아에서도 구원하셨다는 것입니다.

이스라엘 백성은 바로의 권세에서 벗어나기만 하면 될 줄 알았습니다. 하지만 눈에 보이는 바로의 군사보다 더 무서웠던 것은, 광야 40년 동안 걸핏하면 하나님 앞에서 대적했던 자신들의 병든 자아였습니다. 그래서 그들은 비록 바로의 손에서는 구원받았으나, 자기 내면의 적에게는 당하고 말았습니다. 그 때문에 광야에서 주저앉은 사람의 수가 애굽에서 죽임당한 사람의 수보다 많았습니다.

가난이나 질병 등 어떠한 상황에서 구원받는 것도 필요하지만 더욱 중요한 것은 나 자신에게서 구원받는 것입니다. 안목의 정욕과 이생의 자랑을 좇으며 은혜를 받아도 감사할 줄 모르는 밑 빠진 독과 같은 병든 자아에서 자유하지 못하는 이상, 진정한 구원은 없습니다.

그래서 하나님은 광야 40년 동안 하나님의 구원을 온전히 믿는 믿음이 있어야만 약속의 땅 가나안을 취할 수 있다는 것을 보여 주셨습니다. 나는 아무것도 한 것 없이 하나님이 주권적으로 구원을 이루셨지만, 그 구원이 내 것이 되기 위해서는 내 믿음이 실제가 되어야 하는 것입니다.

따라서 구원을 받으려면 정확한 복음을 들어야 합니다. 내가 필요한 예수, 소원성취를 위한 예수가 아니라 성경이 말하는 복음, 하나님이 나에게 주고자 하시는 예수를 만나야 합니다. 그리고 복음을 들었다면 죽은 지식이 아닌 살아 있는 믿음이 필요합니다. 나를 움직일 수 없는 믿음은 죽은 믿음입니다. 정말 믿는다면 그 내용에 따라 움직이게 됩니다.

예수님이 정말 나의 주님이 되시고, 나를 죄와 사망에서 구원하시며, 나를 영원한 하나님의 자녀요 하나님이 꿈꾸셨던 원형으로 회복하시는 비밀을 한 마디 고백으로 담아 놓은 것이 있습니다. 바로 갈라디아서 2장 20절 말씀입니다. 나는 예수 그리스도와 함께 십자가에서 죽었고, 예수 생명으로 사는 그 믿음이 나를 살게 한다는 것입니다. 예수를 믿는다는 의미는 바로 이 고백, 이 영적 수준으로 살아가는 것입니다.

우리는 존재적으로 죄인입니다. 중요한 것은 얼마나 죄인이냐가 아니라, 죄가 있느냐 없느냐입니다. 에이즈에 걸렸느냐 아니냐가 중요하지, 얼마나 진행되었느냐가 중요한 게 아닙니다. 일단 걸렸다 하면 소망이 끊어진 것입니다.

거룩한 하나님의 성품상 죄에 대한 심판은 불가피합니다. 심판의 대상인 인간은 스스로 죄의 빚을 갚을 능력이 없습니다. 그래서 예수님이 내 이름과 내 자격으로 그 값을 치르신 것입니다. 그것으로 모든 심판을 끝내신 주님이 우리에게 원하시는 것은, '오직 네 이름표를 가지고 네 죄목으로 죽은 예수님의 죽음을 마음으로 받고 너도 죄 된 옛사람에 대하여 철저하게 죽은 것으로 받아들이라'는 것입니다.

그럴 때 우리는 다시는 스스로 자신을 주장하지 못하고, 모든 삶의 주권과 실제가 부활하신 주님께 있음을 고백하게 됩니다. 주님은 이 진리 앞으로 나아오라고 우리를 초대하시는 것입니다.

믿음은 결단의 연속입니다. 계속 기도하십시오. "주여, 제 영혼의 실체를 보게 해주십시오. 십자가가 실제가 되는 은혜를 베풀어 주십시오."

영원한 복음을 부끄러워하지 마십시오

선지자 호세아는 처음부터 결론적인 주님의 음성을 들었습니다.

> 여호와께서 처음 호세아에게 말씀하실 때 여호와께서 호세아에게 이르시되 너는 가서 음란한 여자를 맞이하여 음란한 자식들을 낳으라 이 나라가 여호와를 떠나 크게 음란함이니라 하시니 호 1:2

그러고 나서 주님은 "너는 절대로 내 자식이 아니다"라고 외면하시더니, 곧이어 '내 자식'이라고 말씀하십니다. 주님이 왜 이런 태도의 변화를 보이셨는지 우리는 알 수 없습니다. 마치 횡설수설하시는 듯한 주님의 말씀을 안고 호세아서는 2장부터 긴 여행을 시작합니다.

"그 사람 몸뚱이가 썩었대." 이 말을 단순히 귀로 듣는 것과 실제 썩은 현장을 경험하는 것은 확연히 다릅니다. 아마 실제로 보고 나면 "이렇게 썩은 거야? 이 지경이었어?" 하고 한숨과 탄식이 저절로 나올 것입니다.

'백문일답'이라는 말이 있습니다. 천만 번 되짚어 물어도 결론은 오직 하나라는 뜻입니다. 복음에 대해 동의하는 이에게 묻겠습니다. 하늘 아버지께서 인류를 구원할 방법이 십자가밖에 없었음을 믿습니까? 명목주의, 세속주의 늪에서 빠져나갈 힘이 없다고 생각될 때 오직 십자가 복음이면 충분합니까? 복음주의와 무관한 사람이야 논외로 친다고 해도 복음주의를 표방하는 사람들은 어떻게 반응할까요. 그들은 그 안에서도 무너지고 있을 뿐 아니라 회개의 빛도 보이지 않습니다. 맥 빠진 복음주의로 말미암아 교회는 스스로 넘어지고, 이슬람 세력은 기독교를 집어삼킬 것 같은 기세로 거세게 도전하고 있습니다.

과연 30년이 지난 이후에 교회는 이 땅에서 살아남을 수 있을까요? 그러나 이때에도 백문일답입니다. 십자가 복음이면 되는 것입니다. "낫지 않은 병에 약이 많다"는 말처럼 수많은 사람이 다양한 처방을 제시합니다. 하지만 어떤 대안도 답이 될 수 없습니다. 오직 하나, 십자가의 복음만이 답입니다. 다른 길은 없습니다. 하나님이 아들을 십자가에서 잡은 복음뿐입니다.

오늘날 우리가 믿는 것과 행하는 것에 우리의 미래가 달려 있습니다. 이 역사의 분수령이 나 하나의 결단에 달려 있는 것입니다. 30년 전인 80년대의 한국 기독교는 이미 사회의 소외계층이 모이는 주변 종교가 아니었습니다. 70년대 빌리 그레이엄(Billy Graham) 목사님의 전도 집회에 100만 명이 모이면서 더욱 상승세를 타기 시작했고, 서서히 온 사회에 기득권층으로 자리를 잡아가기 시작했습니다.

로마의 콘스탄티누스 황제가 기독교를 국교로 선포한 이후 기독교의 입장이 바뀌었을 때의 역사적 교훈을 기억합시다. 분명 무엇인가를 얻었습니다. 그다음에는 무엇을 해도 힘을 얻을 수 있습니다. 그런데 바로 그때, 기득권을 가졌을 때 사람의 중심이 다뤄집니다.

30년 전 한국의 기독교에는 부분적인 외침만 있었습니다. '외적인 성장만이 전부가 아니다. 제자를 세워야 한다. 교회가 순결을 찾아야 한다.' 그러나 그 외침조차 무시당했습니다. 우리는 무엇을 믿고 바랐습니까? 온통 큰 것, 번영하는 것, 성공하는 것이 아니었습니까? 지금 우리는 믿고 바라는 대로 거두고 있습니다. 주님을 섬기며 한 세대를 보낸 제가 그때의 분위기, 그때의 간증, 그때의 가치관을 돌이켜 보면 오늘날의 모습은 전혀 낯설지 않습니다. 우리는 그때 그 씨앗을 뿌렸던 것입니다. 30년 전에 깨달았더라면, 복음의 본질에 더 다가갔더라면, 진리에 관심을 두었더라면 하는 아쉬움이 남습니다.

그러나 이제 장탄식을 멈추고 앞으로의 30년 후를 내다봅시다. 스스로 속이지 맙시다. 무엇을 심든지 그대로 거두는 것입니다. 우리는 30년 후에 어떤 결과를 얻을 것인지 생각해 봐야 합니다. 오늘 우리의 행동이 곧 내일을 얻습니다. 한국교회가 이대로 나아간다면, 또 오늘 결단하지 않고 지금처럼 미적거린다면, 동일한 결과를 얻게 될 것입니다.

십자가 복음 앞에 정직하게 서지 않으면, 심은 그대로 거둘 것입니다. 우리 역사는 우리 손끝에 달려 있습니다. 기관차의 객차는 선택된 레일을 따라 들어옵니다. 우리는 무엇을 택해야 합니까? 지금이 바로 여호와께로 돌이킬 때입니다. 내일은 나의 날이 아닙니다. 주님이 말씀하신 그 진리에 전부로 결단할 때입니다.

호세아의 메시지가 외쳐질 당시 이스라엘은 경제력을 가장 자랑하던 때였습니다. 종교, 경제, 군사 어느 면으로도 망조가 보이지 않았습니다. 번영 외에는 보이지 않았습니다. 그러나 죄에 대해서 침묵했습니다. 북이스라엘의 멸망은 이때 결정되었습니다.

예언은 언제 선포되어야 합니까? 망조가 들 때입니다. 지금은 결단해야 할 때입니다. 미혹과 혼돈을 비켜 갈 수 있는 길은 오직 한 가지뿐입니다. 단순한 마음, 순결한 마음입니다.

> 그들의 행위가 그들로 자기 하나님에게 돌아가지 못하게 하나니 이는 음란한 마음이 그 속에 있어 여호와를 알지 못하는 까닭이라 호 5:4

복음이 어려워 돌이키지 못하는 것입니까? 아닙니다. 마음이 음란하기 때문에 돌이키지 못합니다. 그러므로 이제는 우리가 믿는 바를 정확히 정리해야 합니다. 걱정되는 것이 있습니다. "그 세대의 사람도 다 그 조상들에게로 돌아갔고 그 후에 일어난 다른 세대는 여호와를 알지 못하며 여호와께서 이스라엘을 위하여 행하신 일도 알지 못하였더라"(삿 2:10)의 말씀처럼, 복음이 뭔지 모른 채 무지하게 태어나는 다음 세대 말입니다. 이들은 복음 앞에 바로 서 볼 시간도 없이 오로지 사역에만 빠져 있는 엄마 아빠 밑에서 자란 자녀들입니다.

디엘 무디(Dwight L. Moody)는 이렇게 말했습니다. "내가 사역할 때는 복음대로 살라고 전하면 되었습니다. 그러나 다음 세대에는 복음에 무지한 세대가 나타날 것입니다. '복음을 가르쳐야 하는 세대' 말입니다. 우리가 오늘 무언가 하지 않고 돌아서면 남은 세대는 어디에서 복음을 들을 수 있겠습니까?"

이대로 흘러가면 결과는 불 보듯 자명합니다. 세계교회의 희망이라 불리는 한국교회, 세계선교대회(GCOWE 95)에서 세계교회가 열광했던 한국교회는 이제 선교의 선발주자가 되었습니다. 그러나 이는 다 크지도 못한 채 애를 낳아야 하는 형편과 같습니다.

우리가 믿는 바를 정리하여, 바알에게 무릎을 꿇지 않은 7천 명의 사람이 있었다는 사실을 알려야 합니다. 누가 지혜가 있어 알 수 있겠습니까? 여호와의 도, 정직한 자에게 생명을 주는 영원한 진리의 터, 이 복음을 고백합시다. "나는 고멜이었지만, 지금 나는 호세아입니다." 우리의 행동강령을 정해 놓고 우리가 걸어가야 할 길을 갑시다.

복음을 부끄러워하지 마십시오. 우리는 가도 복음은 영원합니다. 오늘날에는 신앙성명이 필요합니다. 과거 신앙의 혼돈을 겪을 때 믿음의 조상들은 사도신경을 선포했습니다. 자유주의 신학이 거세게 일어날 때 1974년 로잔회의에서는 믿는 바를 정리한 로잔언약을 선포했습니다. 복음을 정리했고 기도에 불을 일으켜 선교를 활성화했습니다.

역사상 이미 폐색이 짙어진 1910년대의 조선은 3·1 독립선언을 통해 자주 국민임을 선포했습니다. 때가 차서 독립을 맞았듯이, 우리도 때가 되면 하나님 나라의 부흥을 보게 될 것입니다. 우리는 하늘에 속한 하나님 백성입니다. 아직 오지 않은 해방의 그날을 바라보며 이 시대를 향해 일어나야 합니다. 하나님 나라는 영원할 것입니다.

십자가를 바라보십시오

어떤 분이 조류 중에 사육하기가 거의 불가능할 것으로 여겨온 꿩 사육에 성공했다는 소식을 들었습니다. 확인 차 지인과 함께 그곳에 갔습니다. 다리를 묶은 것도 아니고, 망을 씌운 것도 아닌데 수천 마리의 꿩들이 전혀 날아오를 기미를 보이지 않았습니다. 지붕 없이 뻥 뚫린 사육장 안에서 열심히 모이만 쪼고 있는 광경은 참 장관이었습니다.

원래 꿩은 두려움이 많은 조류라고 합니다. 그래서 그분은 꿩의 눈 위에 막을 씌웠는데, 자기 눈 위가 가려져 보이지 않으니 두려워 날아오를 생각을 못하더라는 겁니다. 날아오를 두 날개가 있고, 푸른 창공을 날 힘도 있지만 눈 위에 씌운 막 하나 때문에 죽을 날만 기다리며 하루하루 살아갈 뿐이었습니다.

눈앞에 영원한 축복의 삶이 펼쳐져 있는데도 보이지 않는다는 이유 하나만으로 벗어날 시도도 하지 않는 꿩의 모습은 이 세상에 길들여진 채 살아가는 우리의 모습과 비슷합니다. 태어날 때부터 죄인의 운명으로 살던 사람들은 자기가 얼마나 비참한 존재인지 알 수 없습니다. 단지 보이지 않는다는 이유로 영원도, 심판도, 구원도, 영생도 꿈꾸지 않습니다. 예수님이 이 땅에 복음을 전하시던 때, 피리를 불어도 애곡하는 자가 없다고 하셨듯 말입니다. 심령이 돌같이 단단해진 이 세대에 십자가 이야기는 고리타분한 말로 들릴 뿐입니다.

> 십자가의 도가 멸망하는 자들에게는 미련한 것이요 구원을 받는 우리에게는 하나님의 능력이라 고전 1:18

역사상 첫 번째 복음이 선포된 곳은 희락의 동산이라 불리던 에덴동산이었습니다. 희락의 동산에서 인류의 조상 아담과 하와는 수치심과 죄책감에 두려워 떨고 있었습니다. 하나님은 이들에게 기쁜 소식보다 나쁜 소식을 먼저 전하셨습니다. "네가 흙으로 돌아갈 때까지 얼굴에 땀을 흘려야 먹을 것을 먹으리니 네가 그것에서 취함을 입었음이라 너는 흙이니 흙으로 돌아갈 것이니라 하시니라"(창 3:19). 이는 하나님의 사랑과 기쁨의 대상으로 창조된 사람의 운명이 하나님과 나뉘어 비참한 상태가 된 것을 단적으로 나타낸 말씀입니다.

에덴동산에서 인류는 딱 하나, 하나님 한 분을 잃었습니다. 그런데 그 분을 잃어버리자 세상의 모든 것이 물밀 듯이 밀려왔습니다. 인류는 그런 세상의 모든 것에 관심을 가지게 되지만 정작 자기의 운명에 대해서는 전혀 모르는, 기가 막힌 운명에 빠지게 되었습니다. 자아에 속아 자신의 운명에 대해서는 한 번도 고민해 보지 못한 채 울고 웃고 사고팔고 시집가고 장가갑니다. 또한 항상 두려움에 사로잡힌 채 살아갑니다.

이런 인간에게 과연 무슨 복음이 필요하겠습니까? 경쟁 사회 속에서 오직 자기계발과 병 고침, 육체에 필요한 것만을 구하는 이들에게! 죄의 운명에 길들여져 세상 것에만 목말라 애쓰며 노력하는 죄인에게! 주님은 우리가 원하는 복음이 아닌 십자가를 주십니다. 종교적 눈물로도 회복 불가능한 끝장난 운명이기에 십자가를 주십니다. 어떤 눈물이나 영성으로도 바꿀 수 없는 것이 죄이며, 그런 죄를 사랑하는 지옥 갈 운명에게 필요한 것은 다른 복음이 아닌 십자가 복음이기 때문입니다.

십자가의 도는 우리가 보기에 미련한 것이나 하나님의 능력입니다. 예수님은 구약의 놋뱀으로 말씀하십니다. 죄의 운명에서 벗어날 길은 죄에 대해 심판을 받는 것일 뿐임을 말입니다. 그런데 또한 이 일을 통해 주님은 십자가의 비밀을 드러내십니다. 그것은 놋뱀에 죽은 자가 바로 '나'라는 사실입니다. 여러분! 죄 없는 하나님의 아들이 우리 형상으로 우리 이름표를 달고 십자가에 못 박히셨습니다. 그러나 그 십자가에서 죽은 것은 주님뿐이 아니었습니다. 하나님은 바로 '나'도 십자가에 못 박으신 것입니다.

여러분에게 복음은 언제 실제가 되었습니까? 변명이나 교리적인 동의를 묻는 게 아닙니다. 십자가 사건이 객관적 실제인 만큼, 우리도 동일하게 철저히 십자가에 선 적이 없다면 십자가는 나와 아무런 관련이 없습니다. 다시 한 번 말씀드립니다. 십자가를 바라보십시오. 그리고 그곳에서 죄에 대해 죽고, 주님과 한 운명 되게 하신 십자가의 능력을 맛보십시오.

예수 그리스도의 십자가가 당신과 무슨 상관이 있습니까?

우리는 잘못된 가정 위에 신앙의 집을 짓는 경우가 많습니다. 우선 믿었다 치고 그다음 얘기를 하자는 것입니다. 십자가를 안다고 치고, 어떻게 하면 문제를 해결할 수 있을지 이야기합니다. 예수님을 구주라 치고, 어떻게 하면 복 받을 수 있을지만 이야기합니다.

그러나 여러분, 경제적으로 부도를 맞으면 돈만 잃어버리면 됩니다. 사람에 부도를 맞으면 사람만 잃어버리면 됩니다. 하지만 신앙의 부도를 맞으면 영원한 운명이 그대로 끝을 맺고 맙니다. 주님이 우리에게 주신 진리는 분명하고도 간단합니다.

> 십자가의 도가 멸망하는 자들에게는 미련한 것이요 구원을 받는 우리에게는 하나님의 능력이라 고전 1:18

복음은 어떤 현란한 논리가 아닙니다. 철학이나 지식은 더욱더 아닙니다. 하나님이 우리에게 주신 복음은 바로 예수 그리스도입니다. 따라서 복음을 믿는다는 것은 지식적 동의를 말하는 것이 아닙니다. 전 존재적인 믿음으로 화합하여 십자가의 그리스도가 나의 실제가 되는 것이 바로 '복음을 믿는' 것입니다. 십자가는 상징이 아닙니다. 생생한 실제입니다. 생생한 죽음이며, 생생한 부활이고, 생생한 하나님의 임재입니다. 그래서 예수님이 태어나실 때 그 이름을 '임마누엘, 하나님이 우리와 함께 계시다'고 한 것입니다.

예수님의 십자가는, 죄악으로 말미암아 거룩하신 하나님과 영원히 분리된 우리를 하나님과 함께할 수 있도록 한 것입니다. 할렐루야! 따라서 십자가의 그리스도 없이 하나님을 만난다거나 성령님과 동행한다는 것은 있을 수가 없는 일입니다. 피 흘림, 즉 속죄가 없이는 하나님께 나아갈 수 없기 때문입니다.

사람들이 예수님께 자신을 드러내라고 했을 때, 예수님은 "내 때가 이르지 않았다. 내 나라는 이 땅에 속하지 않았다"고 말씀하시다가, 비로소 어느 순간 "다 이루었다"고 외치신 때가 있었습니다. 바로 십자가 위에서 운명하시기 직전이었습니다. 가장 비참한 죽음을 당하는 그 순간에 그렇게 말씀하신 것입니다. 여러분, 이 의미를 아십니까? 어떻게 죽음이 생명이 되느냐 말입니까? 어떻게 실패가 성공이 되고, 고난이 영광이 되느냐 말입니까? 이 역설적인 진리를 만들어 낸 비밀이 바로 십자가입니다. 이 비밀을 모르니까 예수님의 고난과 십자가를 부끄러워하고, 영광의 예수는 말해도 고난의 예수는 말하지 않는 것입니다. 사람들의 눈에는 미련해 보이고 어리석어 보일지라도 십자가는 하나님의 능력이요, 지혜입니다. 그렇다면 도대체 십자가가 무엇이기에 그렇습니까?

우리는 존재적으로 죄인입니다. 즉, 죄가 나의 삶 어느 한 부분에 붙어 있는 것이 아니라 '나 곧 죄'요, '죄 곧 나'인 것입니다. 따라서 무엇 하나 고친다고 해결되는 것이 아닙니다. 죄를 없애기 위해서는 내 존재가 죽는 길밖에 없습니다. 내가 죽으면 그만이지만, 하나님은 나를 살리기 위해 예수님으로 하여금 내 이름과 내 자격으로 그 죄 값을 치르게 하셨습니다. 우리는 스스로 죄에 대한 빚을 갚을 능력이 없기 때문입니다.

그것으로 모든 심판을 끝내신 하나님이 우리에게 원하시는 것은 오직 "네 이름표를 가지고 네 죄목으로 죽은 예수와 함께 지금까지 죄로 먹고 살던 너의 옛사람이 죽었음을 성령 안에서 받아들여라"는 것입니다. 그럴 때, 다시는 우리 자신이 스스로 주장하지 못하고 부활하신 예수님이 내 삶의 주인이 되심을 고백하게 된다는 것입니다. 하나님은 바로 이 십자가의 진리로 우리를 초대하시는 것입니다.

여러분, 주님의 십자가 외에는 정말 소망이 없다는 사실을 마음에 받은 적이 언제입니까? 이것은 여러분이 얼마나 신앙생활을 했느냐, 신학 지식이 얼마나 되느냐, 직분이 무엇이냐를 묻는 것이 아닙니다. 예수 그리스도의 십자가가 당신과 무슨 상관이 있느냐는 말입니다.

자신을 속일 이유는 없습니다. 여러분의 생애 가운데 이런 사실이 분명하지 않았다면 지금 이 순간 믿음으로 반응하시기 바랍니다.

역사상 가장 위대한 초대, 십자가의 초대

역사상 가장 위대한 초대는 십자가의 초대, 예수 그리스도의 초대입니다.

> 오호라 너희 모든 목마른 자들아 물로 나아오라 돈 없는 자도 오라 너희는 와서 사 먹되 돈 없이, 값없이 와서 포도주와 젖을 사라 사 55:1

채워질 수 없는 갈증…. 수많은 것을 찾아다녀도 우리의 목마름을 진정으로 해결해 줄 수 있는 것은 없었습니다. 그런데 주님은 그 어떤 자격이나 조건도 없이 그저 목마른 자는 오라고 하십니다. 아니, 목마름이 바로 자격이 됩니다. 이런 초대가 어디 있습니까? 이 놀라운 자비의 초대 앞에 우리가 서 있는 것입니다.

여러분, 지금껏 교회 다니며 신앙생활 하셨지요? 그렇다면 예수님의 이 초청이 여러분에게 이루어졌습니까? 생수를 경험하고 있습니까? 수

고하고 무거운 짐은 벗어졌습니까? 더럽고 음탕한 이 세상 속에서 여러분이 가진 진리가 여러분을 자유롭게 합니까? 주님의 초청은 여러분의 삶에 현실이 되었습니까? 아니면 단지 희망입니까?

오직 십자가의 비밀만이 주님의 이 자비의 초대를 현실로 바꿀 수 있습니다. 십자가는 단순한 종교의 상징이 아닙니다. 죄책감을 떨어 버리는 죄책감 쓰레기 하치장 정도가 아닙니다. 십자가는 영원하신 하나님의 자비의 초대를 현실로 이루어지게 하는 비밀이요, 능력이요, 실제인 것입니다.

> 그는 실로 우리의 질고를 지고 우리의 슬픔을 당하였거늘 우리는 생각하기를 그는 징벌을 받아 하나님께 맞으며 고난을 당한다 하였노라 그가 찔림은 우리의 허물 때문이요 그가 상함은 우리의 죄악 때문이라 그가 징계를 받으므로 우리는 평화를 누리고 그가 채찍에 맞으므로 우리는 나음을 받았도다 사 53:4-5

주님은 우리의 슬픔과 우리의 질고와 우리의 죄악을 담당하셨습니다. 우리에게 주어진 고난의 길을 철저하게 하나도 빠짐없이 걸어가셨습니다. 죄와 사망에서 우리를 구속하기 위해 자신의 생명을 부으신 것입니다. 주님께서 십자가를 지심으로 하나님의 공의가 이루어지고, 완벽한 대속이 이루어진 것입니다. 이 놀랍고 엄청난 복음의 실체는 무엇입니까?

이사야 54장 1-3절 말씀을 보면, 홀로 된 여인의 자식이 남편 있는 자의 자식보다 많다고 했습니다. 이 말씀은 자연적인 법칙이 아니라, 하나님의 특별한 은혜의 법칙을 말하는 것입니다. 내게는 아무런 능력도 소망도 없으나 전적인 하나님의 능력으로 이 일을 하시겠다는 것입니다. 하나님이 그리스도 예수의 피 값으로 완전한 대가를 치르시고, 그 결과 우리에게 이러한 복을 주시겠다는 것입니다.

그리고 주님께서 십자가에서 이루신 또 다른 놀라운 사실은, 우리를 그리스도와 연합되게 하신다는 것입니다.

> 이는 너를 지으신 이가 네 남편이시라 그의 이름은 만군의 여호와이시며 네 구속자는 이스라엘의 거룩한 이시라 그는 온 땅의 하나님이라 일컬음을 받으실 것이라 사 54:5

우리는 주님의 십자가 죽음에 연합했고, 주님의 부활에 연합했습니다. 주님과 완전히 연합된 내 안에는 이제 내가 아니라 그리스도께서 사시는 것입니다. 하나님은 실패한 우리의 삶을 영광스러운 목적으로 부르셨습니다. 먹기 위해 생존하는 비참한 자로 전락한 우리를, 온 땅을 주님께로 돌이키는 하나님의 동역자로 불러내신 것입니다.

지금, 십자가 주님의 발 앞에 엎드려야 합니다

주께서 우리와 함께 행하심으로 나와 주의 백성을 천하 만민 중에 구별하심이 아니니이까 출 33:16

객으로 애굽에 머물렀다가 종이 되어 버린 히브리 민족…. 하지만 아브라함의 언약을 기억하신 하나님은 그들을 광야로 이끌어 내시고, 큰 나라로 세워 열방 중에 하나님의 영광을 드러내셨습니다.

구원의 통로로 선택된 거룩한 백성인 그들을 하나님의 특별한 소유가 되게 한 상징이 있는데, 그것은 바로 성막과 법궤입니다. 이스라엘이 머물 때는 그들의 중심에 있고 행진할 때는 그들의 선두에 있었던 성막과 법궤는 그들과 함께하시는 하나님의 표상이었습니다.

메마르고 거친 광야, 작열하는 태양의 열기, 대적들의 위협, 목마름과 배고픔, 더위와 추위, 갈등과 두려움…. 그러나 이 모든 상황에는 단 하나의 답이 있었습니다. '살아 계신 하나님! 애굽에서 우리를 건져 내신 전능의 주! 언약을 성취하는 신실하신 하나님! 그 하나님이 우리와 함께 계시다!'

이제 약속의 땅이 주어지고, 거친 광야의 노숙의 삶은 안정된 삶으로 바뀌었습니다. 매일 만나를 기다리지 않아도, 구름 기둥과 불 기둥을 따라 이삿짐을 싸지 않아도 성곽과 기름진 수확물, 잘 조직된 나라와 인재들, 합리적 제도와 무장한 군인들이 그들 곁에 있었습니다. 그렇게 점차 소유가 늘고 복잡한 삶의 요구가 많아지자, 성막과 법궤는 삶의 중심에서 멀어져 갔고, 다급한 위기 돌파용 또는 소원성취용으로 전락해 버렸습니다. 절기와 예배는 허례허식이 되어 버렸고, 불편해진 하나님의 존재는 급기야 자신들의 왕을 원하는 그들로 말미암아 더욱 외면당하고 말았습니다.

왕 되신 하나님을 거절하고 백성이 원하는 왕으로 세워진 초대 이스라엘의 왕 사울의 불경건과 망령된 행실은 이미 예견된 것이었습니다. 법궤는 적의 손에 빼앗겼고, 사울 왕은 버림받았습니다.

그러한 가운데 하나님의 세우신 왕이자 하나님 마음에 합한 자였던 다윗을 통해 무기력하고 분열되었던 왕국은 회복되어 갔고, 나라 구석구석이 제 모습을 갖추게 되었습니다. 아마 세속 왕국이었다면 이대로도 충분했을 것입니다. 그러나 다윗에게는 아니었습니다. 다윗 왕의 보좌는 견고해졌으나, 이스라엘의 진정한 통치자는 다윗이 아닌 여호와 하나님이셔야 했습니다. 그리고 마땅히 이스라엘의 중심에 있어야 할 성막과 법궤는 아직 그러하지 못했습니다.

> 그가 여호와께 맹세하며 야곱의 전능자에게 서원하기를 내가 내 장막 집에 들어가지 아니하며 내 침상에 오르지 아니하고 내 눈으로 잠들게 하지 아니하며 내 눈꺼풀로 졸게 하지 아니하기를 여호와의 처소 곧 야곱의 전능자의 성막을 발견하기까지 하리라 하였나이다 시 132:2-5

주의 성전의 영광, 하나님 임재의 영광을 보기까지 다윗은 결코 쉬지 않았습니다. 잃어버린 법궤를 찾고 성전에 모시기까지 그의 열정은 결코 사그라지지 않았습니다. 지금 우리에게는 다윗의 근심과 열망이 있습니다. 모든 것을 다 얻고도 그것 없이는 아무것도 아니며 다 잃어도 그것만 있으면 되는 한 소망이 있습니다. 바로 복음이 영화롭게 되는 것입니다. 다윗이 잃어버린 법궤를 찾아 가장 영화로운 거처에 모시듯, 우리 삶의 중심에는 십자가 복음 되신 예수님께서 정녕 왕으로 계십니까?

예배가 예배되고 교회가 교회되는 진정한 부흥을 위해, 지금 복음으로 돌아가야 합니다. 오만한 죄인의 지성에서, 탐욕의 골짜기에서, 세속주의의 안개 속에서 속히 떠나 십자가 주님의 발 앞에 엎드려야 합니다. 존귀와 영광과 찬송을 받으실 영원한 왕의 보좌에는 열방의 모든 족속이 함께 경배해야 할 홀로 영원하신 영광의 주님만 좌정하셔야 합니다.

다윗의 근심과 열망을 가지고 주의 영광을 사모하는 여러분, 이제 함께 소리를 높입시다. 한 호흡으로 진군합시다. 주님의 이름이 온 땅과 만물 중에서 최고의 경배를 받으시기까지!

은혜 잊은 자 VS 은혜 아는 자

복음의 삶이란 '은혜를 아는 삶'이라고 말할 수 있습니다. 모든 것을 다 가진다 하더라도 은혜를 깨닫지 못하는 것 자체가 비극입니다. 자신이 가진 많은 것을 하나도 누리지 못하기 때문입니다. 이 일을 극적으로 보여 주는 사례가 바로 탕자의 비유입니다.

탕자는 아버지를 떠나 허랑방탕하다가 비참에 비참을 경험하고 마침내 아버지께로 돌아왔습니다. 모든 것을 아버지에게 받고 누릴 때는 은혜를 몰랐다가 다 잃고 비참한 지경이 되어서야 은혜를 깨닫습니다. 모든 것을 다 잃어버리고 은혜 '하나'만을 얻은 셈입니다.

하지만 '은혜' 하나 얻었다는 것은 사실 모든 것을 얻은 것입니다. 인생을 모두 탕진하고 그 어떤 대가를 지불했다 하더라도, 십자가 복음을 만나서 하나님의 은혜를 깨달았다면 모든 것을 얻은 것입니다.

그런데 탕자가 돌아온 것이 전혀 기쁘지 않은 사람도 있었습니다. 그는 바로 탕자의 형입니다. 그는 돌아온 동생을 기쁘게 맞아들이는 아버지의 태도에 화를 냅니다.

> 내가 여러 해 아버지를 섬겨 명을 어김이 없거늘 내게는 염소 새끼라도 주어 나와 내 벗으로 즐기게 하신 일이 없더니 눅 15:29

탕자의 형은 아버지의 모든 것을 다 제 것으로 허락받고 그 은혜 안에 있었지만, 실상은 아무것도 누리지 못했습니다. 모든 것을 다 가졌으면서도 감격도, 기쁨도 없었던 것입니다. 이렇게 은혜를 모르고 아버지의 집에 거했던 탕자의 형보다는, 깨지고 돌아왔지만 그 모든 실패가 보상이 될 수 있는 은혜를 깨달은 탕자의 삶이 더 복되다고 할 수 있습니다.

그렇다면 하나님은 어떻게 우리를 '은혜 잊은 자'의 기막힌 저주에서 건져 '은혜 아는 자'로 세우십니까?

> 거기에서 너희의 길과 스스로 더럽힌 모든 행위를 기억하고 이미 행한 모든 악으로 말미암아 스스로 미워하리라 겔 20:43

이 말씀은 우리가 도저히 은혜 이전으로 돌아갈 수 없도록, 하나님을 떠나 살았던 옛 자아의 더러움을 생생히 '기억나게' 하시고 또 그것이 얼마나 구질구질하고 구역질이 나는지 스스로 '미워하도록' 우리의 정서를 바꾸시겠다는 것입니다.

하나님은 이스라엘 백성에게 수많은 선지자를 보내어 그들이 행한 악이 어떤 것인지 기억하도록, 그리고 그것을 미워하여 하나님의 은혜로 돌아오도록 이끄셨습니다. 하지만 이스라엘 백성은 끝까지 하나님을 거역하다가 결국은 망하여 바벨론의 포로로 끌려갑니다. 그런데 예레미야서에는 온갖 악독한 짓으로 하나님을 반역하고 바벨론으로 끌려간 유다 왕 여호와긴이 하나님께 이해할 수 없는 은혜를 입는 장면이 나옵니다.

> 유다 왕 여호야긴이 사로잡혀 간 지 삼십칠 년 곧 바벨론의 에윌므로닥 왕의 즉위 원년 열두째 달 스물다섯째 날 그가 유다의 여호야긴 왕의 머리를 들어 주었고 감옥에서 풀어 주었더라 렘 52:31

모든 소망이 완전히 끝나 버린 죄인 여호야긴의 삶에 정말 은혜라고밖에 볼 수 없는 일을 하나님이 행하셨습니다. 그래서 은혜라는 말은 전혀 받을 자격이 없는 자에게 베풀어 주시는 하나님의 호의인 것입니다.

에윌므로닥 왕을 통해 받을 자격 없는 여호와긴에게 베푸신 하나님의 은혜는, 우리의 진정한 왕 되신 예수 그리스도께서 영원한 자아와 죄의 감옥에 갇힌 우리에게 베푸실 은혜를 상징적으로 보여 주고 있습니다.

하나님은 이 상징적인 사건을 통해 우리에게 이루신 십자가의 은혜를 기억하게 하십니다. 하나님은 우리의 행위대로 갚지 않으셨습니다. 이제 '실패하고 비참한 나'는 죽고 '하나님의 은혜를 입은 나'만 남았습니다. 나는 이제 은혜 입은 자, 그 은혜로 말미암아 믿음으로 사는 자입니다. 이것을 잊는 순간 끝입니다. 은혜 잊음의 병은 끔찍합니다. 주의 은혜 사슬되사 나를 주께 매소서!

당신은 어떤 복음에 관심이 있으신가요?

출애굽 사건은 다른 이유 때문에 일어난 것이 아닙니다. 사건 자체가 운명적인 것이었습니다. 하나님이 아브라함과 야곱과 이삭을 통해 큰 민족을 이루겠다 약속하시고 애굽으로 강권적으로 보내신 것, 인구가 많아져 애굽에서 학대받는 가운데 구원해 내신 것, 이 모두 하나님의 강권적인 섭리 안에 있었습니다. 그런데 사사 시대와 왕조 시대를 거쳐 바벨론으로 들어간 이스라엘의 상황은 이전까지와는 달리 그들 스스로 자초한 것이었습니다.

그들은 하나님의 말씀을 무시하며 우상을 섬겼습니다. 죄 된 실상을 책망하시는 하나님의 인내와 자비마저 멸시했습니다. 이제 그들은 인내의 한계를 넘어서 도저히 아무런 소망을 바랄 수 없게 되었습니다. 생수의 근원되신 하나님을 버리고 저축치 못할 터진 웅덩이를 파는 꼴이었습니다. 그런데 이들의 이런 어리석은 모습은 바로 오늘날 우리의 모습과 다를 바 없습니다.

하나님이 세상을 이처럼 사랑하사 독생자를 주셨으니 이는 그를 믿는 자마다 멸망하지 않고 영생을 얻게 하려 하심이라 요 3:16

하나님은 존재적 죄인인 우리의 운명이 너무 끔찍했기에 아들을 보내셔야만 했습니다. 우리는 이 복음을 들었습니다. 그럼에도 우리는 여전히 이 복음에 관심을 쏟지 못하고 있습니다.

생명의 진리가 버려지는 이 시대에 정말 끔찍한 것은 다름 아닌 복음을 대하는 우리의 태도일 것입니다. 정말 살아 계신 하나님의 임재를 경험하고 싶으십니까? 그렇다면 죄를 버려야 합니다. 마음에 죄악을 품으면 결코 주님이 듣지 않으십니다.

예수 그리스도의 보혈보다 번영과 부, 성공에만 집착하십니까? 십자가 없는 공허한 예언과 죄가 더 편하게 느껴지십니까? 스스로 바벨론으로 향하는 현실 속에서 어떤 소망을 기대하시겠습니까!

하나님은 절망적인 이스라엘을 향해 그분의 소망을 노래하십니다. 다 끝난 잿더미에서 돌아올 백성을 향해 말씀하시며, 오직 하나님 한 분만 붙들고 달려올 백성이 있을 것이라고 하십니다. "그들을 위해 대로를 열어 놓아라. 거치는 돌을 제하여라. 문을 닫지 말고 열어 놓아라. 언제든 돌아올 수 있도록!" 이것이 하나님의 본심, 아버지의 마음입니다.

지극히 존귀하며 영원히 거하시며 거룩하다 이름하는 이가 이와 같이 말씀하시되 내가 높고 거룩한 곳에 있으며 또한 통회하고 마음이 겸손한 자와 함께 있나니 이는 겸손한 자의 영을 소생시키며 통회하는 자의 마음을 소생시키려 함이라 사 57:15

가장 크신 하나님이 가장 작고 연약하고 부패하여 낮아진 죄인과 함께하셨습니다. 처절하고 비참한 우리와 같은 운명이 되어 주시고, 저주와 심판에 연합하사 십자가에서 죽으시고 장사 지낸 후 우리와 함께 부활하셨습니다. 어떻게 이런 일이 가능하단 말입니까?

입술의 열매를 창조하는 자 여호와가 말하노라 먼 데 있는 자에게든지 가까운 데 있는 자에게든지 평강이 있을지어다 평강이 있을지어다 내가 그를 고치리라 하셨느니라 사 57:19

한 번 약속하시면 결코 변하지 않으시는 하나님의 사랑이 이 일을 이루셨습니다. 포기하지 않으시며 흔들리지 않으시는 그 큰 사랑으로 그분의 뜻을 이루신 것입니다. 깨어진 심령, 통회하는 마음, 겸손한 태도로 십자가를 향해 나아오십시오. 주님이 이루신 복의 자리에 함께 섭시다.

주님의 성호를 자랑하십시오

그의 성호를 자랑하라 여호와를 구하는 자마다 마음이 즐거울지로다 여호와와 그의 능력을 구할지어다 항상 그의 얼굴을 찾을지어다 대상 16:10–11

주님은 하나님의 성호를 자랑하라고 하십니다. 우리가 언약에 신실하신 하나님을 경험하면 어찌 하나님을 자랑하지 않을 수 있겠습니까. 하나님의 이름을 자랑할 이유가 바로 여기에 있는 것입니다. 내가 경험하지 못한 하나님이라면 돌발적인 상황에 부딪혔을 때 '하나님도 어쩔 수 없으신가 보다' 하며 쭈뼛거릴 수밖에 없지 않겠습니까?

주님은 우리의 모든 상황과 도전 앞에서 그분의 아름다우심과 권능, 위엄, 존귀, 사랑, 성실, 섬세함, 그 밖의 모든 능력을 기억하게 하심으로 그분의 이름을 자랑하게 하십니다. 복음에 대해서 시작과 끝만 알고 있으면 자랑할 것이 없습니다. 한 개인의 삶이 하나님의 거룩한 뜻대로, 하나님이 말씀하신 그대로 이루어지도록 하는 것이 얼마나 어머어마한 일입니까.

아브라함도 외부의 위협 앞에 선 적이 한두 번이 아니었습니다. 하지만 실수의 상황 가운데서도 주님은 아브라함을 지키셨습니다. 또한 주님은 요셉의 상황과 인격을 다루시면서 언약을 이루어 가셨습니다. 언약의 주자들을 붙드시고 하나님의 때에 언약을 성취해 가시는 그분의 절묘한 지혜와 경륜. 이것만 묵상해도 자랑할 것이 어마어마합니다.

애굽 바로의 권세에서 건져내시고, 홍해를 가르시고, 광야에서 구름 기둥과 불 기둥으로 인도하시며, 먹이시고 입히시고, 문자 하나도 변개치 않으시며 가나안 땅에 들여보내신 하나님은, 세상의 모든 지혜와 모든 권세를 사용하시면서 그분의 언약을 이루어 가십니다.

다윗의 생애만 생각해도 얼마나 불가능한 일이었습니까! 다윗의 시편이 그렇게 풍성할 수 있었던 것은 그의 삶에 크고 작은 주님의 손길이 있었기 때문입니다. 사람들에게 주님을 자랑할 것이 없는 데에는 이유가 있습니다. 삶의 모든 사건에 주님을 대입해 본 적이 없기 때문입니다. 나의 삶을 다스리는 주님의 능력을 경험하게 되면, 하나님을 자랑하지 않을 수가 없습니다.

하나님의 능력, 지혜, 긍휼을 경험하면 할수록 자랑할 것이 많아집니다. 복음으로 결론내고 살아가는 사람은 담대합니다. 그런 사람에게 "복음이면 다냐?"라고 묻는다면 "복음이면 다다!"라고 당당히 대답할 수 있습니다. 씨앗 같은 상황 속에서도 나무를 보는 담대함과 당당함이 나오는 것입니다. 지금은 비록 목동이어도 왕 같은 당당함이 나오는 것입니다.

어설프게 복음에 부딪히고 나서 믿음으로 걸음을 내딛지 않으면 자랑할 것이 없습니다. 하나님의 완전한 복음을 깊이 묵상하며, 하나님의 언약이 어떻게 결과까지 포함하고 있는지를 확신할 때에야 담대하게 외칠 수 있는 것입니다.

주님은 이제 자랑하라 말씀하십니다. 입이 틀어막히고 어둠에 팽개쳐져도 평생 자랑할 수밖에 없는 십자가를 말입니다! 누구든지 주의 이름을 부르는 자는 부끄러움을 당하지 않을 것입니다. 그분의 성호를 자랑하십시오. 복음이면 충분하다고 외치십시오.

단순하게 믿으면 된다는 것은 하나님이 단순하다는 것이 아니라, 모든 것을 다 준비해 놓으신 하나님을 단순하게 믿기만 하면 된다는 것입니다. 다 모르고 결론만 붙들어도 충분합니다. 우리와 맺은 언약을 신실하게 지켜 내시는 그 하나님을 자랑하십시오. 마음이 즐거울 것입니다.

주님은 그분의 얼굴과 능력을 구하라고 하십니다. 헛된 것, 허망한 것을 구하지 말고 여호와 그분만을 의지하고 신뢰하라고 하십니다. 구하되 우리 수준만큼 구하지 말고 하나님 수준의 것을 구하라고 하십니다.

> 나는 너를 애굽 땅에서 인도하여 낸 여호와 네 하나님이니 네 입을 크게 열라 내가 채우리라 시 81:10

주님은 입을 크게 열라 하시지만, 믿음이 없으면 절대 입을 열지 못합니다. 죽은 나사로의 무덤 앞에서 돌을 옮겨 놓으라고 말씀하신 주님의 명령에 마르다는 순종하지 않았습니다. 믿지 않았기 때문입니다.

우리는 왜 기도하지 않습니까. 우리의 기도에 응답하실 하나님을 믿지 못해서입니다. 하지만 주님은 입을 크게 열라고 말씀하시기 전에, "나는 너를 애굽 땅에서 인도하여 낸 하나님이다"라고 말씀하십니다. 그러니 오직 주님에게만 구하라는 것입니다. 주님 수준의 일이니까 믿으라는 것입니다. 기도하면 주님이 하시겠다는 것입니다. 우리는 기도하지 않으면 반드시 다른 것을 쫓아다니는 열정을 보이게 되어 있습니다.

'입을 크게 열라'의 첫째 의미는 '더욱 사모하라'는 것입니다. 바울은 자신이 경험한 진리에 만족하지 않았습니다. 더욱 주님을 닮고 싶어 했고, 주님의 아름다움을 사모하여 주님을 더욱 알아 가고 싶어 했습니다. 십자가와 더욱 연합하고 싶어서 고난에까지 참여하고 싶어 했습니다. 이처럼 우리도 더욱 깊이, 더욱 충만하게, 더욱 입을 크게 열고 사모함으로 나아가야 합니다. 완전한 결론이 내 삶에 더욱 풍성하게 나타나도록 말입니다. 이 사모함이 커져 가면 더 열정적인 삶이 될 것입니다.

'입을 크게 열라'의 둘째 의미는 '더욱 순종하라'는 것입니다. 나를 통해 모든 열방이 복을 받게 하겠다는 주님의 약속을 수정하지 말고 신뢰하라는 것입니다. 주님의 약속을 자꾸만 내 수준으로 제한하면 결코 이루어지지 않습니다. 두려워하지 말고 내게 알려 주신 복음의 영광, 능력, 복에 더욱 순종하십시오. '네 입을 크게 열라'는 것은 두려움 없이 순종하라는 것입니다. 주님의 진리를 결론으로 삼고 순종하라는 것입니다. 우리에게는 순종만 있을 뿐입니다.

믿음은
자기 확신이 아닙니다

하나님을 믿는다고 하면서 내 머리로 이해되는 것만 믿고, 이해되지 않는 것은 믿지 않으십니까? 그렇다면 하나님에 대한 믿음이 없는 것입니다.

> 믿음은 바라는 것들의 실상이요 보이지 않는 것들의 증거니 히 11:1

믿음은 바랄 수 없는 중에 바라고 믿는 것입니다. 내 상식으로는 도저히 믿어지지 않지만 하나님이 말씀하셨기에 믿는 것입니다. 이 믿음은 나의 이성과 상식으로 믿는 자기 확신이 아닙니다. 내가 믿어야 할 대상, 즉 하나님이 나의 믿음의 근거가 되는 것입니다. 성경이 말하는 믿음은 바로 이런 믿음입니다.

이사야 57장을 보면, 하나님을 믿지 않고 자기 자신과 우상을 믿는 자들에게 주님이 말씀하시는 장면이 나옵니다. "너의 위기의 상황에서 네가 믿었던 우상, 나 여호와 대신 붙들고 있던 그것에게 도와 달라고 소리 질러 보아라. 네가 그렇게 신앙생활 한 번 제대로 못했던 이유가 학업, 직장, 사업 때문이 아니었느냐. 그 학업과 직장과 사업이 네 평생을 책임져 주는지, 네 영혼을 책임져 주는지 소리 질러 보아라!"라고 말씀하시는 것입니다.

그리고 주님은 이런 꾸짖음으로 끝내지 않으시고 그 이후에 놀라운 희망의 메시지를 선포하십니다.

> 나를 의뢰하는 자는 땅을 차지하겠고 나의 거룩한 산을 기업으로 얻으리라 사 57:13

여러분, 지금 주님의 이 음성을 들을 수 있기를 바랍니다. 이제까지 하나님을 향한 내용 없던 믿음, 나를 움직일 수 없었던 믿음, 부도난 믿음을 깨닫고 하나님을 진정으로 의뢰하시기를 바랍니다.

하나님을 의뢰하는 자에게 기업으로 주겠다고 하신 "거룩한 산"이란 하나님의 거룩한 임재가 있는 곳을 말합니다. 지극히 존귀하신 하나님의 임재 앞에 나아가 그분의 사랑과 은혜와 축복과 치유와 회복과 평안을 받을 수 있는 그 엄청난 복을 주시겠다는 것입니다. 또한 하나님을 의뢰하는 자는 땅을 차지할 것이라고도 하셨습니다.

> 온유한 자는 복이 있나니 그들이 땅을 기업으로 받을 것임이요 마 5:5

주님은 온유한 자가 땅을 기업으로 받으리라고 하셨는데, 우리의 노력으로는 주님이 말씀하신 온유함을 가질 수 없습니다. 그 온유함은 하나님을 믿을 때만 가능합니다. 하나님이 계신 것을 믿으며, 그 하나님을 신뢰하며, 하나님이 그분을 찾는 자들에게 상 주시는 이심을 믿는 사람만이 기꺼이 섬기며 기꺼이 주는 삶을 살 수 있게 되는 것입니다.

> 믿음이 없이는 하나님을 기쁘시게 하지 못하나니 하나님께 나아가는 자는 반드시 그가 계신 것과 또한 그가 자기를 찾는 자들에게 상 주시는 이심을 믿어야 할지니라 히 11:6

그런데 세상의 논리로 보면, 이렇게 살아서는 땅을 얻을 수가 없습니다. 세상이 생각하는 땅을 차지한다는 것은, 땅을 주장하고 통치하고 군림하는 것이기 때문입니다. 하지만 역사의 참된 주인, 즉 진정한 의미에서 땅을 통치한 이들은 땅을 소유하고 군림한 사람이 아닙니다. 오히려 밀알이 되어 섬기고, 자신을 내어 주고, 생명을 얻게 하고, 그 땅에서 하나님의 영광이 드러나도록 한 사람들입니다. 하나님을 믿는 자에게는 그러한 권세를 주시겠다는 말씀입니다. 우리 주님은 만왕의 왕이시지만 이 땅을 섬기러 오셨습니다.

> 나는 마음이 온유하고 겸손하니 나의 멍에를 메고 내게 배우라 마 11:29

우리의 주 되신 주님이 살아가신 것처럼 살아갑시다. 자신의 생각이

나 경험, 능력으로 사는 것을 포기하고, 오직 살아 계신 하나님을 믿는 믿음으로 겸손과 온유를 선택하며 주의 길을 따르는 자들의 삶을 통해 주님은 영광을 드러내실 것입니다.

지금, 오직 하나님을 믿는 믿음으로 그분이 초청하신 믿음의 길, 겸손과 온유의 그 길로 나아갈 사람은 누구입니까? 주님은 주님과 함께 이 세상을 거슬러 나아갈 믿음의 사람을 찾고 계십니다.

오라, 우리가 여호와께로 돌아가자!

오라 우리가 여호와께로 돌아가자 여호와께서 우리를 찢으셨으나 도로 낫게 하실 것이요 우리를 치셨으나 싸매어 주실 것임이라 호 6:1

인간을 창조하시고 디자인하신 하나님은 우리 한 명 한 명을 향한 계획을 가지고 계십니다. 그것은 그분의 꿈입니다. 우리가 스스로 실패했다고 생각하고 포기하는 상황에 있을 때에도 하나님은 말씀하십니다. "여호와께로 돌아오라! 나에게로 돌아오라! 그러면 너희를 향한 나의 뜻을 이루며 너희를 향한 나의 꿈을 나타내리라."

복음 안에는 이런 엄청난 하나님의 꿈이 담겨져 있습니다. 그러기에 예수님의 피 값을 지불하고 나를 구원하신 것입니다. 예수님의 생명을 내 생명 대신 주어 피 값 치르기를 아까워하지 않으셨던 아버지는 그 사랑으로 우리에게 말씀하십니다. "너는 내 것이라! 너를 내가 보배롭고 존귀하게 지었노라!"

지금은 죄로 말미암아 엉망진창이 되었어도, 슬픔과 좌절과 고통으로 얼룩진 인생이라도, 사마리아 수가성의 여인처럼 사람들에게 버림받아 잊힌 자이더라도, 동일한 사랑 고백을 우리에게 쏟아내시는 것입니다.

하나님 아버지께서 수가성 여인을 기억하시고 예수님을 일부러 보내셨던 것처럼, 하나님은 우리에게도 찾아오십니다. 우리 편에서는 우연이지만 하나님 편에서 우연이란 존재하지 않습니다. 하나님께는 필연입니다. 일부러 그 여인을 만나기 위해 거기까지 가셨던 것입니다.

지금 여러분의 마음에 찾아와 두드리시는 하나님의 노크에 반응하시기 바랍니다. 우리 주님은 수가성 여인의 철벽같이 닫힌 마음도 두드리셨습니다. 세상에 대한 두려움으로 마음의 빗장을 채운 여인의 마음을 여시며, 그 영혼 안에 숨겨진 목마름을 찾아내어 말씀하셨습니다.

"너의 불행은 세월이 험했기 때문이 아니다. 인격적, 도덕적, 육체적 결함 때문도 아니다. 너의 가장 큰 불행, 너의 목마름의 원인은 다른 데 있다. 바로 하나님, 나와의 문제다. 너의 목마름은 바로 영적인 목마름이며, 나만이 너를 채울 수 있다."

우리는 상황과 환경이 나를 좌절하게 하고 낙망하게 하며 더는 세상에서 당당하게 살아갈 수 없게 만든다고 생각합니다. 그래서 실패한 것은 나의 부족함이고, 실패의 원인은 따라 주지 않는 환경 때문이라고 여깁니다. 하지만 여러분을 창조하신 하나님은, 우리를 위해 십자가 지신 그 주님은 이렇게 말씀하십니다.

"지금 너에게 있어서 가장 큰 불행은 다른 것이 아니다. 너의 목마름은 다른 어떤 것으로도 채울 수 없다. 너의 목마름은 바로 영적인 목마름이며 나만이 너를 채울 수 있다. 내게로 돌아오라. 하나님 아버지께로 돌아오라."

우리가 생명을 다해 진정으로 하나님을 부르면, 하나님은 우리가 하나님을 찾는 그 갈급함보다 먼저 우리를 찾아오십니다. 우리는 하나님을 잊고 살지만 하나님은 우리를 잊은 적이 없다고 말씀하십니다.

습관적인 종교생활에 갇혀 있는 관념의 하나님이 아니라, 살아서 말씀하시는 생명 되신 하나님께로 지금 나아오시기 바랍니다. 주님은 살아서 역사하시는 하나님이십니다.

살아 있는
생명의 관계를 누리십시오

하나님이 인간을 지으신 목적은, 살아 계신 하나님을 알고 하나님을 진정으로 경배하고 하나님과 생명의 교제를 누리며 하나님을 영화롭게 하기 위함입니다.

> 이 백성은 내가 나를 위하여 지었나니 나를 찬송하게 하려 함이니라 사 43:21

하지만 '죽은 자', 즉 하나님과 생명의 관계가 끊어진 자는 하나님을 찬양할 수 없습니다. 하나님은 오직 '살아 있는 자'의 하나님이시기 때문입니다.

믿음을 한마디로 말하면, 살아 있는 하나님과의 인격적인 관계이자 생명의 관계라고 할 수 있습니다.

> 나는 포도나무요 너희는 가지라 그가 내 안에, 내가 그 안에 거하면 사람이 열매를 많이 맺나니 나를 떠나서는 너희가 아무것도 할 수 없음이라 요 15:5

포도나무 가지는 줄기에서 떨어지는 순간, 잎이 아직 푸르거나 열매가 있거나 상관없이 죽은 것입니다. 아무리 겉으로 살아 있는 것처럼 보여도 실상은 죽은 것입니다. 인간은 태초부터 하나님과 생명의 관계를 떠나서는 살 수 없도록 지어졌습니다. 예배당을 오가고 성경 지식은 늘어 가는데, 정작 살아 계신 하나님과 인격적인 관계가 없다면 그는 '죽은 자'입니다.

그렇다면 하나님이 우리에게 원하시는 관계는 무엇입니까?

> 나는 인애를 원하고 제사를 원하지 아니하며 번제보다 하나님을 아는 것을 원하노라 호 6:6

하나님은 제사와 같은 예배 의식에 감동받으시는 것이 아니라, 예배를 드리는 우리에게 관심이 있다고 하십니다. 우리를 구원해 주시고 불러 주신 하나님의 사랑에 감사하고 감격한 나머지, 그 사랑의 표현으로써 찬송도 드리고 기도도 드리고 헌금도 드리는 것이 예배의 순서가 되는 것입니다. 의식은 갖췄지만 마음이 떠난 예배는 하나님이 받지 않으십니다.

살아 있는 인격체를 모독하는 최고의 방법은 그 대상을 비인격적으로 대하는 것입니다. 마찬가지로 하나님을 가장 모독하는 것은, 예배의 주인이신 하나님께는 관심이 없고 설교자나 성가대, 여러 가지 다른 것들에 관심을 두는 것입니다. 오늘날에는 자칫 예배 분위기에 너무 신경을 쓰다가 예배를 받으시는 하나님의 마음과는 상관없이 우리끼리 감동을 받고 돌아가는 비극이 생길 수 있습니다. 그러나 진정한 예배는 하나님이 감동받으셔야 합니다.

또한 하나님이 정말 원하시는 것은 "하나님을 아는 것"이라고 하셨습니다. 여기서 '알다'라는 말은 체험하여 안다는 말입니다. 지식이나 들은 얘기로 아는 것이 아니라, 정말 사랑해서 그 마음이 어떤지 공유할 수 있는 사이를 뜻합니다.

하나님은 우리와 이런 사이가 되기 원하십니다. 살아 있는 생명의 관계를 원하시는 것입니다. 그러면 주님과 어떻게 생명의 관계를 맺을 수 있습니까?

첫째, 십자가 예수 그리스도 보혈의 은총을 온전한 믿음으로 영접하여 성령 안에서 거듭남으로 가능합니다. 둘째, 자신의 온 삶을 주님께 맡길 만큼 주님을 신뢰함으로 가능합니다.

> 예수께서 대답하여 이르시되 기록되었으되 사람이 떡으로만 살 것이 아니요 하나님의 입으로부터 나오는 모든 말씀으로 살 것이라 하였느니라 하시니 마 4:4

지금까지 직장에, 돈줄에, 밥줄에 쩔쩔매며, 일생 굶어 죽을까 무서워

전전긍긍한 것이 우리의 인생이었습니다. 하나님은 아브라함을 믿음의 조상으로 불러내실 때에 그의 모든 기반을 완전히 떠나서 "나로 말미암아 살라"고 말씀하셨습니다. 성도는 환경에 매여 살아가는 자들이 아니라, 하나님에 의해서 살아가는 자들입니다.

갈 바를 알지 못하나 나를 인도하신 주님 한 분만을 바라보고 그 믿음에 온 삶을 걸면서 살아가는 은혜를 받으시기 바랍니다.

삶의 가장 큰 위기는 주님 없이 가는 길입니다

주님과 동행하고 있다고 착각하고 있지 않습니까? 누가복음 2장은 예수님의 어린 시절에 관한 짧은 기록입니다. 본문의 사건은 그리스도가 누구이신지를 가르쳐 주는 큰 진리를 드러내지만, 또한 우리의 신앙생활에도 중요한 가르침을 주고 있습니다.

마리아가 어린 아들 예수를 잃어버렸다가 다시 찾는 해프닝은 평범한 보통 어머니들이 한 번쯤은 겪어 봤을 일입니다. 그런데 이런 사건이 다른 사람이 아닌 마리아에게 일어났다는 것과 다른 때가 아닌 유월절에 일어났다는 것은 예사로운 일이 아닙니다.

마리아가 어떤 사람입니까? 마리아는 자신의 몸에 성령으로 예수님을 잉태한 사람입니다. 여러 증거를 통해 예수님이 메시아라는 사실을 계시받은 사람입니다. 또한 유월절이 무슨 절기입니까? 어린양의 피로 하나님의 백성을 무서운 심판과 저주에서 구원한다는 영적 메시지가 가장 뚜렷하게 드러나 있는 절기입니다. 마리아는 자신의 아들로 육신의 몸을 입고 오긴 했지만 너무도 분명한 하나님의 아들이시며 메시아이신 예수님과 함께 유월절 절기에 예루살렘으로 올라갔습니다. 그런데 마리아는 유월절의 핵심인 구원, 그 구원을 행하실 메시아 예수님을 잃어버리고 말았습니다.

어떻게 이런 일이 일어날 수 있을까요? 우리는 이 사건을 통해서 한 가지 교훈을 얻을 수 있습니다.

> 그 날들을 마치고 돌아갈 때에 아이 예수는 예루살렘에 머무셨더라 그 부모는 이를 알지 못하고 동행 중에 있는 줄로 생각하고 하룻길을 간 후
>
> 눅 2:43-44

우리 삶의 큰 위기는 바로 이것입니다. 실상은 주님과 같이 가고 있지 않는데도 주님과 같이 가고 있다고 착각할 수 있다는 것입니다. 특히 영적인 일, 모든 사람이 인정하는 의로운 일을 하는 사람들이 이러한 위기에 빠지기 쉽습니다. 선교사이기에, 목회를 하기에, 정의로운 일을 하고 있기에, 그 일 자체로 사람들이 인정해 주고 스스로 떳떳하기에 '주님이 당연히 나를 도와주시겠지'라고 생각할 수 있습니다.

그러나 정의로운 일은 내가 하든지, 하지 않든지 정의로운 일입니다. 하나님의 일은 내가 하든지, 하지 않든지 하나님의 일입니다. 단지 하나님의 일을 하고 있다는 이유만으로, 내가 해야 할 마땅한 책임을 면제받을 수는 없습니다.

미국의 남북전쟁 때, 링컨의 부하가 링컨에게 "하나님이 우리 편이 되어 도와주셨으면 좋겠습니다"라고 말하자, 링컨은 "하나님이 우리 편이 되어 주시는 것이 아니라, 우리가 하나님의 편에 서는 것이 중요합니다"라고 말했습니다. 그렇습니다. 하나님은 누구의 편이 되실 수 없습니다. 그분은 언제나 진리이십니다. 내가 하나님을 섬기기 때문에, 하나님의 일을 하기 때문에 당연히 하나님이 내 편이 되어 주시리라는 것은 착각입니다.

마리아는 예수님을 잃어버리고 하룻길을 편안하게 갔습니다. 그러다가 예수님이 동행 중에 없다는 것을 깨달았습니다. 그때 얼마나 놀라고 당황했겠습니까? 우리 삶에도 갑자기 주님이 멀리 계신 것 같은 답답한 순간이 있습니다. 그래도 이 순간은 주님을 잃어버린 줄도 모른 채 가는 순간보다 훨씬 복된 시간입니다. 그러나 이 시간에 헛수고하면 안 됩니다. 마리아는 당황하여 예수님을 친족과 아는 사람 중에서 찾았습니다. 그래도 찾지 못하자 예루살렘까지 되돌아왔습니다.

> 예수께서 이르시되 어찌하여 나를 찾으셨나이까 내가 내 아버지 집에 있어야 될 줄을 알지 못하셨나이까 하시니 눅 2:49

'주님과 동행하는 내 인생 길이 궤도를 벗어났구나. 내 신앙생활에 적신호가 들었구나. 내 마음이 냉랭해졌구나' 하는 생각이 들면 다른 곳을 헤매지 말고 그분이 계실 곳을 찾아야 합니다.

사실 주님이 우리를 떠나신 것이 아닙니다. 우리가 그분을 떠나 길을 잃었을 뿐입니다. 우리가 어느 만큼 멀어졌든지 그 자리에서 돌이키기만 하면 주님을 만날 수 있습니다. 우리가 완전히 돌아가야 할 자리는 십자가의 자리입니다. 용서를 구하는 죄인이 주님을 향하여 십자가의 품으로 뛰어들면 주님은 그 사람을 회복시켜 주십니다. 우리의 삶에서 가장 큰 위기는 주님 없이 가는 길입니다. 매일, 매 순간 주님과 동행하고 있는지 꼭 확인하십시오.

믿음의 근거는 체험이 아니라 주님의 약속에 있습니다

우리 인생에서 주님이 함께하신다는 확신 없이 가는 것만큼 두려운 것은 없습니다. 모세가 죽은 후, 어마어마한 명령을 받고 두려움에 떨고 있는 여호수아에게 주님은 이렇게 말씀하셨습니다.

> 내가 네게 명령한 것이 아니냐 강하고 담대하라 두려워하지 말며 놀라지 말라 네가 어디로 가든지 네 하나님 여호와가 너와 함께하느니라 하시니라
> 수 1:9

또한 주님은 열한 제자에게 온 열방과 모든 민족을 구원하라는 엄청난 명령을 주실 때도 이렇게 말씀하셨습니다.

> 볼지어다 내가 세상 끝날까지 너희와 항상 함께 있으리라 하시니라 마 28:20

"내가 너와 함께하리라"는 것은, 하나님이 우리 인생에 주시는 가장 완전하고 가장 안전한 최고의 약속입니다.

요한복음 13-17장에는 주님이 십자가에 못 박히시기 전날 밤에 하신 말씀이 기록되어 있습니다. 주님이 제자들에게 곧 세상을 떠날 것을 말씀하시자 제자들은 두려움에 휩싸였습니다. 그들의 두려움을 아시는 주님은 그들에게 하나님께 드리는 기도를 들려주셨습니다.

사실 이 기도는 삼위일체 하나님이 창세 전부터 디자인하고 꿈꾸셨던 아름다운 일들과 어마어마한 구원의 비밀에 대해, 하나님 아버지와 그 아들 예수님이 대화를 나누는 형식으로 되어 있습니다. 그런데 주님이 제자들에게 성부, 성자, 성령의 비밀 대화를 들려주신 것은 예수님의 기쁨을 그들 안에 충만히 가지게 하기 위함이라고 말씀하십니다.

> 내가 세상에서 이 말을 하옵는 것은 그들로 내 기쁨을 그들 안에 충만히 가지게 하려 함이니이다 요 17:13

지금 이 말씀을 읽는 우리도 동일하신 성령께서 깨달음을 주셔서, 다시는 두려워하지 않게 하실 줄로 믿습니다. 주님의 기쁨을 충만히 갖게 하실 줄로 믿습니다!

주님은 하나님 아버지께 이렇게 말씀하셨습니다.

> 세상 중에서 내게 주신 사람들에게 내가 아버지의 이름을 나타내었나이다 그들은 아버지의 것이었는데 내게 주셨으며 그들은 아버지의 말씀을

지키었나이다 요 17:6

하나님이 주님께 주신 사람들, 즉 주님이 십자가 구원으로 사신 사람들은 원래 아버지의 것이었다고 말씀하십니다. 그렇습니다. 하나님은 창세 전에 나를 하나님의 형상으로 만드셨고, 모든 순간과 상황 속에서 때가 차매 나의 삶에 예수 그리스도를 만나는 복을 허락해 주셨습니다. 이것이 우리가 두려워하지 않을 수 있는 근거가 됩니다. 복음의 길은 나의 선택이 아니라 아버지로부터 비롯된 것입니다.

그러므로 우리의 믿음의 근거는 나의 어떤 체험이나 능력이 아닌 주님의 완전한 십자가 공로, 변함없는 약속에 있는 것입니다. 이보다 안전한 약속이 어디에 있습니까? 주님의 피 값 주고 산 우리를 누가 주님의 사랑에서 끊겠습니까?

누가 우리를 그리스도의 사랑에서 끊으리요 환난이나 곤고나 박해나 기근이나 적신이나 위험이나 칼이랴 롬 8:35

세상이 보아야 하는 그리스도인의 행복은, 우리가 예수 그리스도 안에 있고 예수 그리스도가 아버지 안에 있는 완전한 연합으로 한 운명이 된 모습입니다.

곧 내가 그들 안에 있고 아버지께서 내 안에 계시어 그들로 온전함을 이루어 하나가 되게 하려 함은 아버지께서 나를 보내신 것과 또 나를 사랑하심

같이 그들도 사랑하신 것을 세상으로 알게 하려 함이로소이다 요 17:23

하나님은 우리와 완전한 동행이 가능하도록 십자가의 가장 완전한 복음을 예비해 놓으셨습니다. 우리는 오직 믿음으로 선포하고 선택하고 나아가기만 하면 됩니다. 오직 믿음으로, 오직 주님 말씀에만 의지하여 주님과 아름다운 동행을 해 나가는 여러분이 되시기를 바랍니다.

하나님의 역사를 실행하는 열쇠, '기도'

우리는 하나님께 쓰임 받은 사람을 보면 '그 사람의 능력이 뛰어나서 그런 거 아니야?' 하며 관심의 초점을 사람에게 돌립니다. 하지만 사람은 아무리 뛰어나 봤자 하나님 앞에서 별 볼 일 없습니다.

아브라함 역시 원래부터 믿음이 대단했던 것은 아니었습니다. 하나님은 자녀가 하나도 없는 75세의 아브라함에게 "너로 큰 민족을 이루게 하리라"고 약속하셨습니다. 그런데 사실 그분의 약속은 우리의 수준에서 보면 거의 '뻥'에 가깝습니다. 그래서 이것이 우리의 마음을 어렵게 하는 것입니다.

또한 하나님은 주로 현찰이 아닌 약속 거래를 하십니다. 그래서 믿음이 필요한 것입니다. 아브라함은 거창한 약속을 받았지만 10년이 되도록 아무런 소식이 없었습니다. 약속을 기다리다가 낙심한 아브라함이 그의 종 엘리에셀을 양자로 삼으려고 했을 때 하나님이 나타나셨습니다.

하나님은 아브라함에게 “나의 약속을 수정하지 말아라. 내가 너에게 말한 것을 이룰 것이다. 나는 전능한 하나님이다”라고 말씀하셨습니다. 이 말씀을 아브라함이 믿으니 하나님은 이를 의로 여기셨습니다. 이처럼 하나님은 평범한 사람들을 사용하셔서 그분의 역사를 이루어 가십니다.

평범한 사람을 비범한 사람으로 만드는 키워드가 있습니다. 그것은 바로 ‘기도’입니다. 아주 평범한 여인 한나가 하나님의 역사에 쓰임 받은 이유는 어떤 재능이 있어서가 아니라, 매 순간 하나님께 무릎을 꿇었기 때문입니다. 한나는 무슨 문제가 생기든 늘 기도하는 사람이었습니다. 처음에 한나는 단순히 아이를 낳게 해 달라고 기도했습니다. 하지만 하나님이 침묵하시자 점점 더 깊은 기도로 들어갔습니다.

‘하나님, 제게 아들을 주시면 당신께 드리겠습니다. 당신의 이름을 위해, 당신의 영광을 위해 아들을 주옵소서.’ 하나님은 한나의 기도가 이 정도 수준으로 올라갈 때까지 기다리셨습니다.

우리가 기도할 때는 인간적인 것을 놓고 기도하지만, 하나님이 응답을 주실 때는 하나님의 수준으로 응답하십니다. 그렇게 때문에 내가 원하는 시간이 아니라 하나님이 원하시는 시간이 필요합니다.

하나님은 그분의 역사 가운데 한나를 쓰시려고 한나의 인생을 끌어들이셨습니다. 한나는 아이를 못 낳는 개인적인 문제로 기도를 시작했지만, 하나님은 기도의 응답을 미루시면서 한나의 내면을 다루셨습니다. 그리고 기도가 하나님의 수준에 이르렀을 때 응답하셨습니다. 그런데 그것은 그냥 아들을 하나 주는 수준의 응답이 아니었습니다. 이스라엘의 암담했던 사사 시대를 밝힌 기가 막힌 영적지도자이자, 하나님의 구원 역사에 중요한 역할을 한 다윗을 세운 '사무엘'을 주시는 수준의 응답을 하신 것입니다. 하나님은 이렇게 하나님이 아니면 길이 없는 사람, 하나님만을 의지하는 사람을 통해서 그분의 비범한 역사를 이루어 가십니다.

하나님이 어떤 일을 하실 때는 자신의 백성에게 소원을 주고 기도하게 하십니다. 그리고 기도의 양이 찼을 때 응답하십니다. 왜 이렇게 하실까요? 어차피 하나님이 다 하실 텐데 왜 기도하게 하시는 걸까요? 그 이유는 하나님이 우리를 창조하신 목적과 이어져 있습니다.

하나님은 우리를 기쁨과 교제의 대상으로 만드셨습니다. 모든 역사는 하나님이 계획하고 진행하며 결말을 지으십니다. 하지만 그것을 실행하는 열쇠는 우리에게 맡기셨습니다. 왜 이렇게 하셨을까요? 우리에게 복 주기를 기뻐하시기 때문입니다!

이제 결론은 하나입니다. '기도하리라!' 이 결정만 하면 됩니다. 죄를 지었거나, 문제가 있거나, 무슨 사연을 갖고 있든 상관없이 기도하면 됩니다. 하나님은 한나의 개인적인 아픔을 통해서 위대한 이스라엘의 역사를 이루셨습니다. 개인의 평범한 삶, 개인의 슬픔, 개인의 한계, 이 모든 것을 핑계 삼아 하나님 앞에 나아가십시오. 하나님은 평범한 나의 문제를 사용하셔서 그분의 위대한 역사를 이루어 가실 것입니다.

이 시간, 평범으로 끝날 수밖에 없는 기도도 못 했던 비참한 나의 실상을 주님 앞에 고백합시다.

"주여, 제 인생은 제 것이 아닙니다. 제 모든 삶은 주님 손에 있습니다. 모든 역사가 주님 손에 있습니다. 저는 기도할 것입니다. 어떤 상황에서든 기도하겠습니다. 더욱 기도하겠습니다."

하나님의 기도 응답법 세 가지

기도가 어렵습니까? 그렇다면 왜 어렵습니까? 무엇보다 가장 큰 이유는 기도 응답에 대한 오해 때문입니다.

사람들은 '내가 구한 것을 그대로' 받아야 응답이라고 생각합니다. 이런 오해 때문에 많은 사람이 기도를 찔끔해 보고는 응답이 안 된다고 포기해 버립니다. 하지만 우리가 구하는 것은 대부분 욕심에서 비롯된 것들입니다. 만약 주님이 더 좋은 그분의 뜻으로 응답하지 않으셨더라면, 많은 이가 자신의 기도에 스스로 망하고 말았을 것입니다.

주님이 가르쳐 주신 주기도문에는 기도의 두 가지 원리가 담겨 있습니다. 먼저, 전반부는 하나님의 주권을 인정하는 것입니다. "모든 역사는 하나님이 다스리십니다. 제 인생도 주님 손 안에 있습니다. 뜻이 하늘에서 이루어진 것처럼 땅에서도 이루어지고, 하나님 나라가 이 땅에 임하게 하여 주시옵소서."

주님은 기도가 '먼저 그의 나라와 그의 의를 구하는 것'임을 알려 주셨습니다. 그러고 나서 "주님의 나라와 그 의를 구하는 여정에 필요한 일용할 양식을 주시고, 시험에 들지 않게 하시고, 우리의 관계를 온전케 하시고, 다만 악에서 건져 주시옵소서. 주님, 저는 어린아이와 같아서 무엇을 해야 할지 모릅니다. 때로는 주님의 뜻을 뻔히 알면서도 행할 능력이 없습니다. 주님의 뜻을 보여 주실 뿐만 아니라 그 뜻을 행할 힘도 주시고, 원수의 손도 막아 주시옵소서"라고 기도하게 하셨습니다.

이어서 주님은 말씀하시길, 구하고 찾고 두드리면 반드시 주겠다고 하셨습니다.

하나님은 우리가 마땅히 빌 바를 알지 못한다(롬 8:26)는 것을 아십니다. 하지만 하나님의 뜻을 감찰하시는 성령님이 우리의 기도를 받으셔서 아버지의 뜻대로 구하도록 우리의 마음을 교정해 주시고, 그뿐 아니라 우리를 위해 친히 아버지께 간구해 주십니다. 따라서 일단 기도하십시오. 제대로 못한다고 걱정할 필요는 없습니다. 일단 기도하면 성령님이 중재해 주십니다.

사실 우리가 구한 대로 주셨으면 큰일 날 뻔한 것들도 많지 않습니까? 그러나 성령님이 중재해 주셔서 '하나님 뜻대로' 응답해 주신 것입니다. 하나님은 우리가 구한 대로 주시는 것이 아니라 '더 좋은 것'으로 주시며, 잘못 구한 것까지도 '온전한 것'으로 주십니다. 그러다 보니 자연히 응답에는 세 가지가 존재하게 됩니다.

솔로몬이 왕이 되어 일천번제를 드린 후에 내린 결론은 '이 백성은 내가 통치할 수 없다. 하나님이 다스려 주셔야 한다'는 것이었습니다. 그래서 "이 백성을 다스리는 데 필요한 지혜를 주시옵소서" 하고 기도했습니다. 이것이 하나님 마음에 맞았기 때문에 하나님은 그가 구하지 않은 것까지도 다 주셨습니다.

나의 주권을 완전히 주님께 넘기고 "저는 주님의 도움 없이는 한 순간도 살 수 없습니다"라고 기도할 때 주님은 우리를 가장 완전한 길로 인도해 주십니다. 귀한 자식일수록 아무리 귀찮고 힘들어도 안 되는 것은 안 된다고 합니다. 어떨 때는 부모 입장에서 "Yes"보다 "No" 하기가 더 어렵습니다. 아버지를 신뢰한다면, 아버지가 "No" 하실 때 기쁨으로 받아들이십시오. "No" 하는 것도 응답입니다.

사람들이 기도 응답을 못 받았다고 하는 말은 들어 보면, '내가 구하는 그것'을 못 받았다는 경우가 대부분입니다. 그러나 기도는 자동판매기가 아닙니다. 하나님은 그분의 때에, 그분의 방법으로, 그분의 수준으로 응답해 주십니다. "오냐", "안 돼", "기다려" 이 세 가지 중 어느 응답이든 반드시 주십니다.

하나님은 언제나 우리에게 완전한 응답을 주시는 분입니다. 이제 오직 기도로만 살리라고 결단하며 나갑시다.

내가 의지했던 것이 무너진다면 그것은 은혜입니다

십자가의 도가 멸망하는 자들에게는 미련한 것이요 구원을 받는 우리에게는 하나님의 능력이라…유대인은 표적을 구하고 헬라인은 지혜를 찾으나 우리는 십자가에 못 박힌 그리스도를 전하니 유대인에게는 거리끼는 것이요 이방인에게는 미련한 것이로되 오직 부르심을 받은 자들에게는 유대인이나 헬라인이나 그리스도는 하나님의 능력이요 하나님의 지혜니라 고전 1:18, 22-24

유대인들은 아브라함과 다윗의 자손이라는 자부심과 긍지를 가지고 있었습니다. 아브라함을 존경하고 다윗도 좋아한다던 이스라엘 민족이었지만, 조상이 그토록 기다렸던 예수 그리스도를 싫어하더니, 급기야 그분을 십자가에 못 박는 모순된 모습을 보입니다.

하나님을 예배하고, 혈통적으로 하나님의 약속을 기다린다고 했던 그들이 진리이신 예수 그리스도를 못 박는 이 모순이 어떻게 가능할까요! 그것은 바로 존재적으로 문제가 있는 죄 된 인간의 모순, 인간 내면의 본질 때문입니다.

'에서의 통곡'이라고 들어보셨습니까? 사나이답고 매력적이며 통 큰 남자였던 에서는 세속적인 기준으로 봤을 때 아주 멋진 사람이었습니다. 그러나 그런 에서가 통곡을 하게 됩니다. 바로 '장자의 복'이 야곱에게 넘어간 때입니다. 그는 장자의 복은 받고 싶었지만, 본질적인 장자의 명분에는 전혀 관심이 없었습니다. 그래서 그 장자의 명분을 팥죽 한 그릇에 팔아먹게 됩니다.

이 모순을 어떻게 이해할 수 있겠습니까. 구원, 십자가, 부활, 이 모든 것이 가장 중요하다는 사실은 알지만, 눈에 보이지 않는다는 이유로 인기, 명예, 부, 성공과 같은 눈에 보이는 것들을 따르는 것이 우리의 모습입니다. 그런 태도는 '장자의 명분'을 '팥죽 한 그릇' 정도로 여기는 에서의 모습과 비슷합니다.

여러분도 복음의 본질인 십자가의 길은 싫어하면서도 복음의 축복은 원하는 모순 속에서 살아가고 있지는 않습니까? 우리는 죄와 나 자신을 분리할 수 없는 비극적인 운명에 처해 있습니다. 죄의 권세 아래 붙들려 있는 '죄 곧 나, 나 곧 죄인', 그것이 우리의 실체입니다.

전능하신 하나님도 나를 살려내기 위한 방법은 그분 스스로 심판 아래에 들어가야 하는 십자가밖에 없었다고 성경은 기록하고 있습니다. 그리고 하나님은 전 역사를 동원해서 차근차근 이 일을 이루어 오셨습니다. 이것은 곧 창조주 하나님의 사랑이 얼마나 어마어마한지를 말해 줍니다. 스스로 언약하시고 지키시며 성취하신 주님 앞에 우리가 드릴 것이 무엇이겠습니까?

복음에는 하나님의 의가 나타나서 믿음으로 믿음에 이르게 하나니 기록된 바 오직 의인은 믿음으로 말미암아 살리라 함과 같으니라 롬 1:17

만약 실패를 당해 고통 가운데 있다고 해도 나의 실패로 끝을 삼지 마십시오. 처음부터 우리는 주님 없이는 무슨 일이든 불가능한 존재였습니다. 만약 내가 의지했던 것이 빨리 무너진다면 그것은 은혜입니다. 스스로 언약을 지키시고 성취하신 그분 앞에 우리가 취할 태도는 오직 믿음뿐입니다.

한계를 넘는 어려움에 부딪혀 좌절하고 있거나, 사람의 오해 한 번 받으면 털썩 주저앉는 연약함 가운데 있으십니까? 주님이 말씀하십니다. "염려하지 말라. 너를 붙드시는 주님이 완전하시다."

이 모든 일이 된 것은 주께서 선지자로 하신 말씀을 이루려 하심이니 마 1:22

주님은 인생을 두고 목적하신 그분의 뜻과 약속을 성취하실 것입니다. 이제 언약의 주체이신 주를 바라보십시오. 그리고 연약하기에 오히려 더욱 주님을 사랑하는 기도의 자리로 나오십시오.

희망은 우리가 아니라 하나님에게서 나옵니다

"제가 지금 잘 가고 있는 겁니까? 잘 하고 있는 겁니까?" 혹시 이렇게 묻고 싶을 만큼 막막한 순간을 경험해 보셨습니까?

믿음의 증인이 되겠다고, 주님 말씀하시는 대로 살겠다고 한 걸음 한 걸음 믿음으로 나아가고 있는데, 갑자기 아무것도 안 보이고 주님이 침묵하시는 것 같을 때가 있습니다. 하루는 이렇게 믿음의 행진을 하면서 외롭게 싸우고 있을 수많은 복음의 동지를 생각하며 중보기도를 하고 있었습니다.

"주님, 십자가를 붙든 사람은 결코 망할 수가 없다는 것을 잘 압니다. 그러나 주님, 우리가 육체인 것을 기억해 주십시오. 터널은 언젠간 끝나게 된다고 결론이 나 있지만, 지나는 동안은 빛이 보이지 않고 혼자인 것 같을 때가 있습니다. 주님, 저희를 긍휼히 여겨 주셔서 '잘 가고 있다'고 한 번만 말씀해 주십시오."

그런데 주님께 이런 부탁을 드리다가 그보다 먼저 우리가 주님께 드려야 할 고백이 있다는 것을 깨닫게 되었습니다. 욥기서에 보면 사탄이 욥을 고발하면서 "하나님이 욥을 자랑하시는데, 그만큼 복을 받고도 하나님을 경배하지 않을 사람이 어디 있습니까?"라고 말했습니다. 그래서 하나님은 사탄에게 시험을 허락하십니다. 사탄은 욥이 기뻐할 수 있는 이유가 될 만한 것들, 즉 그의 소유와 자식과 건강을 모두 빼앗아 버렸습니다. 그러나 욥은 그 엄청난 고통의 한복판에서도 이렇게 고백합니다.

> 주신 이도 여호와시요 거두신 이도 여호와시오니 여호와의 이름이 찬송을 받으실지니이다 욥 1:21

너무 막막하고 도대체 이해가 안 되는 순간, 사탄이 "이래도 오직 하나님이 신뢰할 믿음의 대상이냐? 이런 때에도 하나님을 찬양할 수 있느냐?"라고 공격해 올 때, 하나님은 우리가 "그렇다!"라고 고백하기를 원하시는 것입니다.

우리가 믿음으로 산다고 할 때 기억해야 할 것이 있습니다. 먼저, 어떤 환란과 핍박 앞에서도 믿음이 충만하고 믿음의 결과가 팍팍 나타난다면, 물론 그것은 믿음입니다. 또 하나, 완전한 절망 가운데서 비록 앞으로 한 발 내딛을 힘은 없을지라도 뒤돌아서지 않고 주님을 의지한다면, 그것도 역시 믿음입니다.

절망 가운데 있을 때, 사탄은 우리를 공격합니다. "너, 이런데도 정말 주님만으로 충분하냐? 그냥 예전대로 살아. 현실이 그렇지 않잖아"라며 우리를 유혹합니다. 그런데 어느 순간 나의 고백이 바뀌어 있는 것을 발견하게 됩니다. 이전에는 이런 상황이 오면 '주님이 나를 사랑하신다면 어떻게 이럴 수가 있겠느냐'며 돌아섰는데, 이제는 그러지 않는 것입니다. 아무리 그래도 믿음 없이 살던 때로 돌아갈 수는 없다고 고백하는 것입니다.

우리는 이것이 믿음의 한 단면이라는 것을 알기 어렵습니다. 하지만 기억하십시오. 이것 역시 믿음입니다. 십자가 사랑을 받고 주님의 은혜를 입으며 진리를 하나씩 깨달아가는 가운데 더디게나마 주님을 따라온 걸음이 우리를 여기까지 이끈 것입니다.

호세아서에서 하나님은 죄악 덩어리 자체인 고멜 같은 이스라엘을 바꾸겠다고 선포하십니다.

> 내가 그들의 반역을 고치고 기쁘게 그들을 사랑하리니 나의 진노가 그에게서 떠났음이니라 호 14:4

고멜과 같은 본질적 죄인인 우리에게는 소망이 전혀 없습니다. 그런데 하나님은 우리의 패역을 고치시고 사랑스러워 견딜 수 없는 존재로 바꾸어 놓겠다고 말씀하십니다. 희망은 우리에게서 나오는 것이 아니라 하나님에게서 나옵니다. 우리가 믿음으로 충만할 때뿐만 아니라 절망 가운데 있을 때에도 하나님은 그분의 열심과 열정과 사랑으로 동일하게 행하십니다.

내가 멈추어 있다고 해서 주님이 멈추어 계신 것이 아닙니다. 나는 배

안에서 잠들어 있을지라도 주님이 그 배를 운행해 가십니다. 주님 안에 거하며 뒤집어지고 수술을 받는 동안, 나를 실은 하나님의 배는 나를 향하신 주님의 소원의 항구로 힘차게 전진하고 있는 것입니다.

여름에 풍성하던 나무가 겨울에 앙상해지면 죽은 것처럼 보이지만, 그 뿌리는 수액을 찾아 더욱 땅 속 깊이 내려갑니다. 아무것도 보이지 않고 주님이 잠잠하시는 것 같은 그 순간이, 믿음의 뿌리가 더 깊이 내려지고 하나님을 찾아 더 깊이 내면화 되는 시간임을 기억하시기 바랍니다.

인내는 믿음의 본질입니다

아브라함은 부름을 받았을 때 갈 바를 알지 못하고 나아갔습니다. 사람들은 대부분 비록 나중에 허사가 될지라도 뭔가 계획이 있고 대책이 있다고 생각될 때, 그것을 마음에 위안을 삼고 앞으로 나아가려고 합니다. 그러나 하나님은 우리를 믿음의 길로 초대하실 때, 갈 바를 말씀하지 않으십니다.

하나님은 아브라함에게 '지시할 곳'으로 가라고 하셨지, '지시한 곳'으로 가라고 하지 않으셨습니다. '나아갈 곳'을 보지 말고, '지시하시는 하나님'을 믿으라는 것입니다. 갈 바를 알지 못하고 가는 걸음은 믿음에서 나옵니다. 믿음은 갈 바를 알지 못한다 하더라도 하나님의 명령과 약속을 믿고 걷게 합니다.

우리가 아브라함처럼 하나님의 부르심을 받고 믿음의 길을 떠날 때, 즉 이전의 내 삶을 모두 포기하고 오직 하나님에 의해 살아가는 믿음의 삶을 시작할 때 가장 중요한 것이 있습니다. 바로 인내입니다.

> 너희에게 인내가 필요함은 너희가 하나님의 뜻을 행한 후에 약속하신 것을 받기 위함이라 잠시 잠깐 후면 오실 이가 오시리니 지체하지 아니하시리라 나의 의인은 믿음으로 말미암아 살리라 또한 뒤로 물러가면 내 마음이 그를 기뻐하지 아니하리라 하셨느니라 우리는 뒤로 물러가 멸망할 자가 아니요 오직 영혼을 구원함에 이르는 믿음을 가진 자니라 히 10:36-39

하나님은 그분의 약속을 받을 수 있는 이 소중한 인내를 성령의 열매로 준비해 두셨습니다. 성령이 우리에게 이루시는 일 중에 하나가 바로 인내인 것입니다.

> 우리가 소망으로 구원을 얻었으매 보이는 소망이 소망이 아니니 보는 것을 누가 바라리요 만일 우리가 보지 못하는 것을 바라면 참음으로 기다릴지니라 롬 8:24-25

이 땅에서 보이는 것은 소망이 아닙니다. 우리의 상식선에서 결과가 보이는 것, 우리가 열심히 노력하여 얻을 수 있는 것이라면 소망이라고 할 수 없습니다. 보지 못하는 것, 즉 우리의 차원이 아니라 하나님의 차원, 지금의 차원이 아니라 영원한 그날의 차원, 우리 무능의 한계가 아니라 하나님의 전능을 바란다면, 그 엄청난 소망에 걸맞은 인내, 그 엄청난 꿈을 담아낼 만한 기다림이 필요하지 않겠습니까?

물러서지 말고 주님이 부르신 그 자리에서 진리를 결론 삼고 인내하십시오. 하나님은 우리에게 허락하신 놀라운 복음 안에 인내할 수 있는 능력을 이미 준비해 놓으셨습니다.

> 모든 은혜의 하나님 곧 그리스도 안에서 너희를 부르사 자기의 영원한 영광에 들어가게 하신 이가 잠깐 고난을 당한 너희를 친히 온전하게 하시며 굳건하게 하시며 강하게 하시며 터를 견고하게 하시리라 벧전 5:10

그렇습니다. 우리를 인내의 길, 믿음의 온전함에 이르게 하는 것은 우리의 어떠함에서 나오는 것이 아니라 오직 하나님의 은혜입니다. 인내는 우리에게서 쥐어짜 내는 것이 아닙니다. 인내는 하나님이 우리에게 허락하신 믿음의 본질 안에 들어 있는 하나님의 복이자 특권이며 위대한 능력입니다. 믿음을 써야 할 기회, 참고 기다려야 할 기회가 오거든 이 놀라운 특권을 사용하십시오!

믿음이 결론되고,
진리가 결론되게 하십시오

하나님은 천지를 완벽하게 '다 이루시고' 일곱째 날에 안식하셨습니다. 그리고 안식하고 쉬셨던 날을 기념하여 우리에게 지키라고 하셨습니다. 우리를 그분의 완전한 안식으로 초대하신 것입니다.

> 이미 그의 안식에 들어간 자는 하나님이 자기의 일을 쉬심과 같이 그도 자기의 일을 쉬느니라 히 4:10

하나님은 지치고 상한 영혼들에게 하나님의 완전한 안식으로 들어오라고 말씀하십니다. 우리가 자신의 주인이 되어 자신의 경험과 열정에 의지할 때 우리는 결코 만족할 수 없습니다. 그러나 그분의 안식에 들어간 사람은 스스로 애쓰고 힘들어하는 삶을 끝내게 됩니다. 오직 하나님의 완전한 예비하심을 누리며 임마누엘의 하나님과 동행하는 가운데 그분을 즐거워할 뿐입니다.

하나님이 천지를 완벽하게 '다 이루신' 것처럼, 하나님이 '다 이루신' 완전한 부르심을 역사상에 드러내는 사건이 있는데, 그것은 바로 출애굽 사건입니다. 출애굽 사건은 애굽 땅에서 나와 홍해를 건너기까지의 시기, 광야에서의 40년, 그리고 가나안 입성까지의 세 시기로 나눌 수 있는데, 이 세 시기를 통틀어 하나의 구원으로 볼 수 있습니다.

먼저, 애굽 땅에서 나와 홍해를 건너기까지의 구원을 살펴보면 그때 이스라엘 백성이 할 일은 없었습니다. 그들은 가만히 서서 하나님의 구원을 보기만 하면 되었습니다. 이는 구원이 하나님의 주권으로 이루어지는 것임을 계시합니다.

다음으로 광야 40년의 기간은 죽음에 넘겨져야 할 우리 자아의 실체를 계시해 줍니다. 광야 기간에 드러난 것은 애굽 땅에서 찌들은 이스라엘 백성의 더러운 죄의 습관들, 자기 자신을 추구하고 자신이 주인이 되어 하나님을 거부하는 모습들이었습니다. 이는 바로의 권세보다 더 무서운 것이었습니다. 이스라엘 백성은 바로의 권세라는 끔찍한 환경에서는 구원을 받았지만, 병든 자아에서는 구원을 받지 못해 광야에 엎드러져 죽고 말았습니다.

애굽에서 나올 때는 오직 하나님을 바라보는 믿음이 필요했고, 광야 기간에는 병든 자아를 버리는 믿음이 필요했다면, 가나안 땅에서는 취하는 믿음이 필요했습니다. 가나안 땅은 하나님이 이미 다 준비해 놓으신 것입니다. 그래서 오직 취하는 믿음으로 나가면 되었습니다. 하지만 현실적으로는 가나안 일곱 족속이 여전히 시퍼렇게 살아 있었습니다.

마찬가지로, 우리의 상황은 여전히 우리를 공격할 수 있습니다. 그러나 하나님이 전혀 없는 내 생각, 내 계획, 내 계산이 인생의 결론이 되지 않게 하십시오! 믿음이 결론이 되고, 진리가 결론이 되게 하십시오!

애굽을 벗어날 때는 하나님이 전적으로 행하셨습니다. 물론 가나안을 취할 때도 하나님이 전적으로 일하셨지만, 오직 믿음을 통해서만 이루셨습니다. 즉 믿음으로 순종하지 않는 한, 요단강을 가르는 주님의 능력은 나타나지 않는 것입니다. 하나님은 우리가 100% 믿음으로 순종할 때 일을 이루십니다. 왜냐하면 이것이 하나님이 우리를 창조하신 목적이기 때문입니다. 하나님은 우리와 동역하며 기쁨의 교제를 나누기 원하십니다.

예수님의 십자가 사건도 출애굽의 원리와 동일합니다. 예수님은 바로의 권세보다 더 무서운 죄와 사망의 권세에서 우리를 해방시키셨습니다. 주권적인 십자가 역사로 완벽하게 다 이루셨습니다. 그러므로 우리는 광야의 교훈에서 배운 것처럼, 우리의 병든 자아를 죽음에 넘기는 믿음이 필요합니다.

> 이와 같이 너희도 너희 자신을 죄에 대하여는 죽은 자요 그리스도 예수 안에서 하나님께 대하여는 살아 있는 자로 여길지어다 롬 6:11

비록 현실적인 상황으로는 여전히 우리의 육체가 우리를 옛 습관으로 이끈다고 할지라도, 주님은 우리가 이기도록 이미 조치를 취해 놓으셨습니다. 우리는 믿음으로 취하기만 하면 됩니다. 주님 앞에 100%의 믿음을 드리십시오!

믿음으로 순종하는 자에게 홍해는 장애가 아닙니다

자유란 얽매여 있던 상태에서 벗어나는 것만을 뜻하지 않습니다. 원하는 바를 향하여 거침없이 나아갈 수 있는 능력까지를 포함합니다.

그렇다고 자아의 충만한 욕심대로 아무거나 하는 것도 자유가 아닙니다. 그것은 방종입니다. 방종은 잠시 자유를 만끽하는 것 같은 느낌을 줍니다. 하지만 결국 자신을 얽매는 타락으로 빠지게 합니다.

진정한 자유는 영혼까지 만족하게 합니다. 영혼까지 영원히 만족시키는 진정한 가치를 향하여 주저 없이 담대하게 행할 수 있는 것, 이것이 참 자유입니다. 진리 안에서 허락된 자유만이 이것을 가능하게 합니다. 주님은 우리에게 진정한 자유를 주기 원하십니다.

출애굽을 생각해 보십시오. 완강하게 물러서지 않던 바로의 당당한 세력 앞에서 이스라엘 백성이 애굽을 벗어나 자유를 얻기란 불가능해 보였습니다. 아홉 가지 재앙에도 불구하고 바로가 이스라엘 백성을 내보내지 않자, 유월절 밤 하나님이 이스라엘 백성에게 말씀하셨습니다.

"어린 양을 잡으라. 그리고 그 피를 문설주에 바르고 고기를 먹으라." 이스라엘 백성은 이 행위가 견고하게 버티고 있는 바로의 권세와 도대체 무슨 상관이 있는지 이해할 수 없었습니다. 하지만 오직 하나님의 말씀을 믿고 기다렸던 그날 밤, 놀랍게도 유월절 어린양의 피가 바로의 권세를 무너뜨리고 이스라엘 백성을 당당하게 출애굽하게 했습니다.

2천 년 전 갈보리 언덕에서 힘없이 죽은 로마 사형수의 피. 그것이 인류를 끔찍한 지옥의 권세와 죄의 사슬에서 구원해 내리라고 도대체 누가 짐작할 수 있겠습니까. 그러나 주님은 그 일을 통해 우리가 진리 안에서 마음껏 자유를 누리며 달려갈 수 있는 완벽한 길을 준비해 놓으셨습니다. 그것은 바로 임마누엘 되시는 주님이 우리와 동행하는 길입니다.

그런데 이스라엘 백성에게 문제가 생겼습니다. 애굽에서 나오자마자 홍해를 만난 것입니다. 그들은 난리를 쳤습니다. 유월절 밤에 도저히 이해할 수 없는 논리로 구원을 얻었다면, 하나님이 또 기적을 행하실 것을 믿고 기다리면 될 텐데 말입니다.

우리는 복음을 만나서 진리의 길에 들어서고 나면 모든 것이 변해 있고 내가 가는 길이 평탄할 것이라 생각합니다. 주님이 바다로 나가라고 하셨으니 풍랑이 없을 것이라 생각합니다. 그러나 유감스럽게도 그렇지 않습니다. 풍랑은 그대로입니다. 하지만 달라진 것이 분명 있습니다. 이전에는 나 혼자 풍랑을 맞았지만 이제는 주님과 함께 풍랑을 맞이하는 것입니다.

주님은 우리를 세상으로 보내셨습니다. 그 세상은 새로운 곳이 아니라, 이전에 내가 살았던 곳입니다. 그러나 달라진 것이 있다면, 이전에는 그 세상에서 뭐 하나 얻어먹을까 눈치를 살피며 살았지만 이제는 세상을 통치하고 다스리고 정복하기 위해서 나아간다는 것입니다. 그러니 이제는 문제가 있다고 낙심하여 털썩 주저앉지 말고, 주님만 믿고 당당하게 거침없이 순종의 길로 나아가십시오. 믿음으로 순종하는 우리에게 홍해는 결단코 장애가 될 수 없습니다.

진리 안에서의 참 자유는 그 아들로 말미암아 십자가에서 이미 우리에게 주어졌습니다. 유월절 어린양의 피로 성문이 열렸습니다. 여러분, 모든 일을 다스리시는 주님의 절대주권을 믿으며, 늘 진리가 결론이 되는 선택을 하도록 매일 말씀을 구하십시오. 진리의 말씀이 떨어지면 성령을 좇아서 무조건 내딛으십시오. 그러면 주님이 거칠 것 없는 대로로 인도하실 것입니다.

PART 2

전적 헌신

예수 제자의 삶이 최고의 가치이기에
자신을 온전히 드리다

잃어버린 첫사랑을 회복하십시오

인간은 내면적인 존재이자 관계적인 존재입니다. 따라서 인간의 삶에는 무엇보다 중요한 핵심적인 관계가 있습니다. 바로 영원하신 하나님과의 관계입니다. 그렇다면 우리는 하나님과 어떤 관계에 있어야 할까요? 하나님이 우리에게 원하시는 관계는 이것입니다.

> 나는 인애를 원하고 제사를 원하지 아니하며 번제보다 하나님을 아는 것을 원하노라 호 6:6

하나님이 원하시는 것은 예배 의식이 아닙니다. 온 마음을 다한 우리의 중심입니다. 또한 하나님은 번제물이 아니라 우리가 온전히 그분을 알기 원하십니다. 여기서 '안다'라는 말은 체험하여 안다는 뜻입니다.

만약 여러분의 딸이 어려운 과정을 거쳐 수능시험을 쳤는데 떨어졌다고 해봅시다. 딸 아이가 그 아픔을 표현도 못한 채 눈물만 뚝뚝 흘리고 있을 때, 여러분의 심정은 어떨까요? 단순히 그 아이의 마음이 이해되는 정도일까요, 아니면 그 아이의 아픔이 고스란히 여러분의 아픔이 될까요? "내가 너를 아노라!" 하나님은 우리를 바로 그렇게 '안다'고 말씀하십니다.

우리 영혼에 깊은 슬픔이 있으면 그것은 곧 주님의 슬픔입니다. 우리 마음에 기쁨이 있으면 그것은 곧 주님의 기쁨입니다. 마찬가지로, 하나님은 우리가 하나님을 그렇게 알기를 원하십니다. 신앙은 마음을 다해 하나님을 사랑하는 것입니다.

> 너는 마음을 다하고 뜻을 다하고 힘을 다하여 네 하나님 여호와를 사랑하라 신 6:5

초대교회 시절 에베소 교회는 주님께 많은 칭찬을 받은 모범적인 교회였습니다. 하나님은 네 행위와 수고와 인내를 안다고 하셨습니다. 하지만 이 모든 선한 것이 존재하는 중에 위험천만한 일이 일어났습니다. 바로 첫사랑을 잃어버린 것입니다.

하나님은 에베소 교회의 여러 가지 선한 행위를 충분히 잘 아셨습니다. 그러나 그들이 첫사랑을 회복하지 않으면, 즉 돌이켜 회개하지 않으면 촛대를 옮겨 버리겠다고 하셨습니다. 이것이 바로 우리가 하는 인내와 수고와 예배와 모든 것의 가장 근본이기 때문입니다.

여러분의 삶에 주님이 찾아오신 날이 있었을 것입니다. 아무도 알지 못했던 나의 작은 신음을 들어주시던 주님, 낙망한 마음을 붙들어 주시던 주님, 나 자신도 용서할 수 없는 나의 부끄러운 모습에 "너를 위해 내 몸을 주노라" 하고 말씀해 주시던 주님, 그 주님을 만난 첫사랑의 감격이 어디에 있습니까? 그 첫사랑이 다 어디로 갔습니까? 하나님 앞에서 다른 모든 것은 있다 하더라도 예기치 않게 마음을 잃어버리는 위기가 올 수 있습니다.

주님은 여러분이 처음 사랑을 회복하기를 원하십니다. 주님만이 깨어진 우리의 마음을 회복시키실 수 있습니다. 저와 여러분의 가슴에서 주님을 사랑한다는 고백만 다시 샘솟는다면, 이 땅은 변화될 것입니다.

제단에서 흘러나온 생수의 강이 생명수가 되어 우리의 가슴을 적시면, 우리가 이르는 모든 곳이 생명의 강으로 변하고 생명의 바다로 변할 것입니다. 하나님의 생명들이 살아나는 일들을 볼 것입니다. 관건은 우리 심령 안에 잃어버린 첫사랑이 회복되는 것입니다. 주님이 내게 주신 그 사랑을 떨어뜨린 자리가 분명 있을 것입니다. 마음이 식어진 자리, 다른 것을 사랑한 자리가 있을 것입니다.

회개하고 돌이켜야 합니다. 그리고 우리 존재 자체를 주님 앞에 드려야 합니다. 이것을 결정하지 않은 사람, 두 마음을 품은 사람은 주님의 마음을 결코 경험할 수 없을 것입니다.

성령님의 목적은 정확히 십자가로 이끄는 것입니다

에스겔은 포로로 끌려간 바벨론에서 절망 중에 하나님의 환상을 보게 됩니다. 무너져 버린 하나님의 성전이 회복되는 비전을 목도(目睹)합니다.

하나님은 에스겔에게 완성된 성전을 측량하게 하시고, 성전의 제단에서 흘러나오는 물줄기를 보게 하셨습니다. 그 물줄기는 지극히 작았지만 곧 큰 강을 이루었고, 그 물이 닿는 곳마다 땅이 소성합니다. 생명나무들이 자라 열매를 풍성히 맺게 됩니다. 급기야 성전의 물줄기는 대양으로 흘러가 온 바다, 온 세상을 뒤덮는 영광스런 장관을 이루었습니다.

성전 하나가 세워지는 것, 곧 한 개인의 심령 안에 복음이 회복되는 것은 우리 눈에 지극히 작고 초라해 보입니다. 하지만 거기에는 세상의 어떤 것과도 비교할 수 없는 하나님 수준의 영광이 담겨 있습니다.

천국은 마치 사람이 자기 밭에 갖다 심은 겨자씨 한 알 같으니 마 13:31

하나님은 이 영광을 복음 안에 담아 놓으시고 에스겔에게 측량하라 명하십니다. 총체적인 복음을 만나고 나서 이것을 아는 단계만 해도 감격하기에 충분하나, 거기에 머물지 말고 더 깊은 데로 나아가라는 것입니다. 복음의 빛 가운데 나가면 자아의 실체를 보게 되고, 그 복음이 점점 나의 삶에 영향을 미치게 됩니다. 하지만 그것이 전부는 아닙니다. 주님은 더 깊은 곳으로 나아가 내가 복음을 위해 사는 정도가 아니라 복음이 나를 충만케 하는 데까지 이르기를 원하십니다.

달리 살 수는 없는데 힘 있게 복음으로 달려가지 못하진 않습니까? 사탄의 장난인 줄 알면서도 떨치고 달려나갈 활력이 없지 않습니까? 이 상태는 충만한 상태가 아니며, 건강한 상태가 아닙니다. 이는 갈등과 고민만 한 채 결론 내리지 못하거나 자만한 경우입니다.

삶의 불편을 겪지 않고 복음의 모든 것을 누릴 수 있다고 여기는 것은 사탄의 거짓말입니다. 주님은 우리에게 검을 주러 오셨지 화평을 주러 오신 것이 아닙니다. 진리가 아닌 것과 진리가 만나면 반드시 불화가 생깁니다. 그러나 현대 교회는 삶의 불편을 느끼지 않고도 죄 사함, 거룩한 삶, 보람 있는 인생 등을 누릴 수 있다고 가르칩니다.

하지만 하나님은 라오디게아 교회와 같이 스스로 만족해하는 교회에게 이렇게 말씀하십니다.

뜨겁든지 차든지 하라 계 3:15

회개하고 더 깊은 곳으로 나아오라 계 3:19

우리 가운데서 역사하시는 능력대로 우리가 구하거나 생각하는 모든 것에 더 넘치도록 능히 하실 이에게 그리스도의 충만한 분량에 이르기까지 구하라 엡 3:20

예수님의 열한 제자도 주님의 십자가와 부활을 경험한 이후 고작 자신의 삶과 얽매인 문제만을 구했습니다. 어마어마한 영광을 보았음에도 자기 수준의 것을 구한 것입니다. 그런 이들에게 주님은 분명한 답을 주십니다.

때와 시기는 아버지께서 자기의 권한에 두셨으니 너희가 알 바 아니요 행 1:7

오직 열매에만 관심 있는 우리에게 주님은 이제 그런 것에 신경을 끄라고 하십니다. 그리고 오직 한 가지 "성령을 기다리라"고 하십니다. 복음을 살아내는 보장과 주체는 성령님이시기 때문입니다. 성령 없이 복음을 살아낸다는 것은 거짓말입니다. 신학 교리나 훈련을 통해서 복음이 실제 되는 게 아닙니다. 성령이 없는 사람은 복음의 삶을 흉내 내고 율법을 지켜는 보지만 곧 육체의 소욕에 사로잡힙니다. 그러나 진리의 성령은 우리 안에 사셔서 이 모든 것을 죽음에 넘기게 하시고 우리로 영을 좇아 행하게 할 능력을 주십니다.

부르심의 영광으로 나아갑시다. 우리를 살리는 복음에만 만족하지 말고, 그 영광을 충만히 누리는 데까지 나아갑시다. 또 내 가정과 교회만 복음으로 영광스럽게 되는 것에 그치지 말고, 온 열방이 복음으로 충만케 되는 것을 보아야 할 것입니다.

성령님의 목적은 정확합니다. 우리 삶을 하나님의 영광에 이르지 못하게 하는 불순종의 자아를 십자가로 이끄는 것입니다. 이것이 곧 우리를 복음의 영광에 이르도록 하는 하나님의 자비입니다.

성령님은 우리 안에서 역사하심으로 우리를 하나님 수준의 영광으로 인도하는 보혜사로 일하십니다. "마음과 뜻과 정성을 다해 여호와를 사랑하라"고 하시며 육체의 정욕을 십자가에 못 박고 진정한 사랑의 능력으로 주를 사랑하도록 인도하십니다. 매 순간 주님의 능력으로 충만케 하시며 모든 상황 가운데서 성령의 열매를 맺도록 하십니다.

겸손히 주 앞에 무릎 꿇고, 인간의 한계를 넘어선 주님의 능력을 바라봅시다. 소망 없는 땅에서 우리가 보아야 할 것은 성령의 능력입니다. 모든 자리에서 먼저 성령의 충만을 구합시다. 주님 오시는 그날까지 우리의 헌신, 기도는 더 깊어져야 할 것입니다. 사람들의 칭찬과 눈에 보이는 성공에 멈추지 말고, 충만에서 충만으로, 영광에서 영광으로 나아갑시다.

우리를 진리 편에 서게 하신 이에게 감사하십시오

하나님의 크나큰 구원을 입은 이스라엘. 그들은 출애굽 이후 광야 40년 생활을 합니다. 하지만 광야의 척박하고 어려운 상황에 맞닥을 때마다 드러나는 원망과 불평….

물론, 광야 길은 거칠고 땅은 척박했습니다. 그러나 고생과 어려움만 있는 것은 아니었습니다. 그 시간은 어디에서도 누릴 수 없는, 하나님을 경험할 수 있는 기회와 축복이 가득한 현장이었습니다. 하나님은 죄의 종으로 살던 그들의 마음 가죽을 벗기시고 진리로 결론 내리게 하셨습니다. 이처럼 가장 완벽한 성령의 학교가 바로 광야 40년이었습니다.

하지만 그들은 이렇게 놀라운 기회를 얻고도 깨닫지 못해 죽어 넘어졌다고 성경은 기록하고 있습니다.

존귀하나 깨닫지 못하는 사람은 멸망하는 짐승 같도다 시 49:20

보이는 상황 때문에 불평과 원망을 하십니까? 우리는 하나님의 크신 뜻을 바라보며 감사하는 자로 서야 합니다. 이스라엘의 왕 다윗은 일평생 이 사실을 굳게 붙들었습니다. 그는 이스라엘의 왕은 자신이 아니라 하나님이시라는 사실을 늘 기억했습니다. 그리고 자신이 영광을 경험할 때마다 주님이 하셨음을 고백했습니다.

왕이 되었을 때에 그가 제일 먼저 한 일은, 진정한 왕이 누구인지를 상징하는 법궤를 옮기는 것이었습니다. 자신의 필요를 위해 법궤를 사용하며 모독했던 이전 왕과는 달리, 모든 주관자이신 하나님께 24시간 쉬지 않고 감사의 예배를 드리게 했습니다. 그는 감사의 직임을 맡은 자를 따로 세웠는데, 이 직임이 얼마나 중요했던지 포로 귀환 때 느헤미야도 종교개혁을 하는 동안 이 직임을 회복하게 했습니다.

하나님께 감사하기 위해 해야 할 일이 있습니다. 그것은 하나님이 우리 삶을 어떻게 구원하셨고, 인도해 오셨는지를 기억하는 것입니다. 그리고 삶의 주관자이신 하나님을 더욱 바라보는 것입니다. 삶이 바빠서 자칫 은혜를 잊고 사십니까? 감사는 그 은혜를 되찾게 해줍니다. 또 그냥 지나쳤던 모든 것이 다시 살아서 능력이 되고 힘이 되게 해줍니다.

여호와께 감사하라 그는 선하시며 그 인자하심이 영원함이로다 시 136:1

그렇다면 삶의 위기를 지날 때 우리가 붙들어야 할 것은 무엇일까요? 멸망 이후 이스라엘은 비참하게 매 맞고 굶주리며 살아야 했습니다. 그런데 이들을 무엇보다 비참하게 만든 것이 있었습니다. 다가올 미래에 대한 소망이 없다는 것이었습니다. 설상가상으로 그런 이스라엘에게 어느 날 페르시아의 권력자이자 반유대주의자인 하만이 등장합니다. 그의 궤계로 이스라엘은 아예 멸절당할 위기를 맞습니다. 세상의 권력 앞에 이스라엘이 할 수 있는 것은 아무것도 없었습니다. 다만 하나님만 의지할 뿐이었습니다.

그런데 이 순간을 지나던 에스더는 눈앞에 보이는 현실에 주눅 들지 않았습니다. 에스더는 이기는 편에 섰고, 반드시 승리할 것으로 믿었습니다. 악인은 자신의 지혜로 악함을 드러냅니다. 하지만 믿음의 사람은 오직 하나님을 믿는 믿음으로 순종합니다. 결국 모든 것이 씨줄과 날줄로 엮여 하나님의 뜻이 이루어짐을 보게 됩니다.

여러분도 이기는 편에 서 있습니까? 아니라면 영원한 이김의 자리, 십자가의 자리로 피하십시오. 완전한 죽음의 자리에서 완전한 새 생명의 자리로 나오십시오. 하나님의 편에 선 자, 이기는 편에 선 자만이 미래를 감사로 맞이할 수 있습니다. 승리가 이미 주어진 사람은 시시하게 사람이나 외부 상황에 놀라지 않고 미래를 담대하게 맞이합니다. 이러한 사람만이 감사로 주님을 영화롭게 할 수 있습니다.

우리를 진리 편에 서게 하신 이에게 감사합시다. 나 죽고 예수 그리스도로 살게 하신 이에게 감사합시다. 선교 완성의 주역이 되게 하신 이에게 감사합시다. 영광의 그날을 기다리는 신부 되게 하신 이에게 감사합시다. "이기는 편에 서게 하신 이에게 감사하라. 그 인자하심이 영원함이로다! 할렐루야!"

요셉의 창고를 여십시오

고대 이집트 제국의 권좌에 앉은 요셉에게 만민의 생명이 맡겨졌습니다. 7년 풍년의 풍부함은 거저 주어진 자연 현상, 그 이상이었습니다. 혹독한 흉년의 위협 속에서 만민의 생명을 지켜 내야 할 보루였습니다. 결코 한 개인의 영화나 성공의 도구가 될 수 없었습니다.

그것은 하나님의 백성을 위한 주님의 섭리가 깃든 특별한 기회였습니다. 그 일을 감당할 사람은 충성스런, 그리고 하늘의 지혜를 지닌 하나님의 사람이어야 했습니다. 그러기에 하나님이 준비하신, 하나님으로부터 난 자여야 했습니다. 그에게 주어진 생애, 허락되어진 고난과 영광, 상황과 영향력, 이 모두 하나님의 특별한 때를 위한 부르심이었습니다.

이미 기근과 흉년의 골짜기로 들어선 대지는 바싹 말라들어 희망의 싹을 시들게 하고 있었습니다. 빛을 찾듯, 샘을 찾듯, 사방에서 생명의 소식을 듣고 요셉의 곡식 창고가 있는 애굽으로 몰려왔습니다.

하나님의 손에 준비된 하나님의 사람, 그냥 흘러 떠내려갔을 7년의 풍

년 축복을 담아낼 거룩한 그릇. 그의 손에 생명의 열쇠가 쥐어져 있었습니다. 그리고 때가 차매 요셉은 하나님의 영광을 드러낼 역사의 주역으로 우뚝 섰습니다.

지금의 우리는 어떻습니까. 온 땅에 임한 기근, 지구촌 전체를 위협하는 위기의 신호음들, 경제 파탄, 종교 분쟁, 자연 재해, 국경 충돌, 도덕적 타락, 인간성 상실…. 온 인류가 도움받을 자 없는 고아처럼 부르짖으며 물과 양식을 구하지만, 7년 풍년을 허랑방탕하게 보냄으로 생명을 잃어버린 종교는 바싹 마른 샘처럼 더는 해답이 될 수 없었습니다. 이때 복음과 기도로 무장하여 생명의 양식을 나누어 줄 충성된 일꾼을 향해 주님의 부르심이 임합니다.

하늘의 부요함, 생명의 풍성함, 산 소망, 그리스도 예수의 영광과 능력과 축복을 기근당한 생명들에게 나누어 주십시오. 돈 없이 값없이 와서 하늘의 풍성함으로 배부르게 하십시오. 오직 믿음으로 누려지는 은혜의 복음으로 생명을 사게 하십시오.

그들이 나아오는 대로를 만드십시오. 돌을 제하십시오. 만민을 위해 깃발을 드십시오. 교회여, 이제 일어나 누더기를 벗고 찬란한 의의 옷을 입으십시오. 거룩한 증인으로 일어서십시오.

하늘 창고를 열어 기근당한 백성을 먹이십시오. 이미 당한 기근보다 앞으로 올 기근이 더 남아 있습니다. 두려운 사망의 세력이 이 땅을 덮쳐올 때가 바로 하늘의 권세를 가진 복음과 기도의 사람들이 일어설 때입니다. 복음의 능력으로 이 땅을 부요케 하실 예수 그리스도. 오직 그 예수님 한 분이면 충분한 하나님의 사람을 통해 만민을 구원하실 영원하신 하늘의 하나님께 영광과 존귀와 찬송을 올릴지어다. 할렐루야!

여러분, 지금은 기근당한 이 땅의 영혼들을 위한 주님의 부르심에 응답하여, 복음과 기도의 사람들에게 맡기신 요셉의 창고를 열 때입니다. 이미 기근 중이지만 아직 끝은 아닙니다. 이제야말로 하늘의 능력, 곧 복음만이 필요한 때입니다. "사람으로는 할 수 없으나 하나님으로서는 다 하실 수 있느니라"(마 19:26). 주님이 하실 것입니다.

오병이어 같은 우리 생애를 주님 손에 바친다면…

이스라엘이 하나님 앞에 범죄 했을 때, 하나님이 아람 군대를 통해서 이스라엘을 심판하신 적이 있습니다. 아람 군대는 사마리아 성을 둘러싸고 고사 작전을 폈습니다. 성 안에 갇힌 사람들은 양식이 점점 바닥나 굶어 죽기에 이르렀습니다.

그때 사마리아 성문 앞에는 성에서 나오는 부스러기를 먹고 살던 나병 환자들이 있었습니다. 그들은 여기서 이렇게 굶어 죽느니 아람 군대에 항복하고 먹을 것을 구하기로 하고 아람 군대로 향했습니다. 하지만 이들이 아람 군대로 가기 전날 밤, 주님은 아람 군대의 귓전에 엄청난 군사들의 함성소리를 들려 주셔서 그들이 모든 짐과 옷과 양식을 두고 도망가도록 하셨습니다. 네 명의 나병 환자가 아람 군대로 가 보니, 사람은 아무도 없고 먹을 것과 옷과 금덩어리들만 가득 쌓여 있었습니다.

신 나게 배를 채우고 즐거워하고 있을 때, 나병 환자들에게 갑자기 깨달음이 왔습니다. '우리는 이렇게 배불리 먹고 있지만, 저 성 안에 있는 우리의 동족은 굶어 죽어 가고 있다. 오늘은 생명의 소식이 있는 날이거늘, 오늘은 사마리아 성을 살리는 하나님의 긍휼의 소식이 있는 날이거늘, 우리가 여기서 더 지체한다면 하나님의 벌이 우리에게 임할 것이다.'

그렇습니다. 사마리아 성 안에 있는 사람들은 하나님이 이루신 기적을 듣지도 못하고 알지도 못한 채 죽어 가고 있었습니다. 이것을 알려 줄 사람은 잘난 사람도 아니고, 말재간이 있는 사람도 아닙니다. 그들은 바로 나병 환자들이었습니다. 비록 아무것도 할 수 없는 병자들이었지만, 하필 그 현장에 있었기 때문에 소식을 전해야만 했습니다. 사마리아 성의 운명이 그들에게 달려 있었기 때문입니다.

일이 크냐 작으냐, 내게 자격이 있느냐 없느냐는 중요하지 않습니다. 그 순간, 그때, 내가 순종하지 않으면 안 되는 일이 있습니다. '나 아니면 누가 하겠는가'라는 생각이 드는 것, 이것이 바로 소명입니다. 하나님은 소명을 이렇게 깨닫게 하십니다. '내가 지금 얼마나 중요한 위치에 있는가. 내 앞에 있는 이 기회와 순간이 얼마나 소중한가. 내가 여기에 있는 것이 이때를 위함이 아닌가.' 이러한 깨달음이 드는 순간, 우리는 멈춰 있을 수가 없습니다. 하나님은 이런 순간, 정말 중요한 기회를 모든 인생에게 주십니다. 하나님이 그것을 깨닫게 하실 때, 우리의 인생은 불꽃이 튀고 삶이 변화되는 놀라운 일이 일어나게 됩니다.

누가복음 9장 13절에서 주님은 제자들에게 "너희가 먹을 것을 주라"고 말씀하시며 수천 명의 배고픈 사람을 책임지게 하셨습니다. 마찬가지로 주님은 교회와 우리에게 이 땅에 하나님 나라를 회복하고 복음으로 이 땅을 구원하는 일을 맡기셨습니다. 사실, 열방과 모든 역사의 책임은 교회에 있습니다. 정치인이나 사회, 교육 제도를 탓하지 마십시오. 우리가 기도하고, 우리가 거룩한 진리에 서기로 결단하고, 우리가 하나님의 말씀에 순종했더라면 하나님은 이 땅을 놀랍게 회복시키셨을 것입니다.

주님은 '열방은 너희 것'이라고 하셨습니다. 이 땅을 붙들고 울며 부르짖어야 할 사람은 우리입니다. 하나님이 이 땅을 얼마나 사랑하시는지를 몸으로 보여 주고 사랑을 나누어야 할 것도 우리입니다. 주님의 일은 어떤 대단한 사람을 통해서 되는 것이 아닙니다. 우리가 최선을 다하고 오병이어를 드리면 나머지는 주님이 알아서 하십니다.

주님의 일에서 중요한 것은 내가 가진 것을 주님께 드리는 것입니다. 주님은 "너희가 주라"고 말씀하셨습니다. 때는 저녁이고, 장소는 빈들이고, 가진 것은 아무것도 없었습니다. 거기에는 주님과 제자들만 있었습니다. 그것으로 충분했습니다. 열방은 헐떡이며 우리를 기다리고 있습니다. 그들의 필요는 너무 크고 우리는 너무 무능합니다. 하지만 우리가 있고 주님이 계시면 됩니다. 주님과 주님께 순종하는 사람들만 있으면 하나님의 거룩한 일을 이루는 데 조금도 부족함이 없습니다.

오병이어 같은 우리의 생애를 주님 손에 바친다면 주님은 놀라운 일을 이루실 것입니다. "주님! 제 작은 기도의 실력, 저의 작은 재물, 저의 작은 건강, 저의 작은 존재를 주님께 드립니다. 주님의 뜻을 이 땅에 펼치시는 데 저를 써 주십시오."

하나님은 스스로
하나님의 사람을 준비시키십니다

우리는 모세처럼 하나님의 일에 쓰임 받은 사람들을 보면 그가 가졌던 남다른 운명, 남다른 기회, 남다른 능력, 남다른 탁월함 등을 주목하고 부러워합니다. 또한 그런 기회가 주어졌느냐, 안 주어졌느냐를 가지고 삶을 비관하기도 하고 우쭐거리기도 합니다.

사람들은 그런 것들이 무슨 비전인 양 날마다 얻으려고 합니다. 그러면서 정작 모세를 모세 되게 하신 하나님, 죽음을 생명으로 바꾸시고 노예의 신분을 왕자로 바꾸신 하나님은 보지 못합니다.

모세의 모세 됨은 오직 하나님의 은혜였습니다. 모세에게 있었던 기회나 능력이 그를 그렇게 만든 것이 아닙니다. 나일 강에서 건져냄을 받은 것도, 하필 공주에게 발견된 것도, 공주가 그를 왕자로 삼은 것도, 광야에서 단련을 받은 것도, 그 어느 것 하나 모세가 비전을 가져서 얻어진 것이 아니었습니다. 하나님이 그의 생애를 때에 맞게 보내시고, 죽음 가운데 구원하시고, 모든 악을 선으로 바꾸사 우리가 지금 알고 있는 그 모세를 만드신 것입니다.

모세도 40세 젊은 시절에는 하나님이 아닌 자신의 힘으로, 하나님이 아닌 자신에게 속한 것들로 이스라엘과 하나님을 위해 일해 보려고 했었습니다. 하지만 왕실 최고의 학문과 왕자의 권세, 40세의 젊음, 민족 사랑의 열정을 가지고 그가 기껏 할 수 있었던 것은 애굽 사람을 때려죽이는 일뿐이었습니다.

그 일로 도망친 모세는 광야에서 40년을 보냈습니다. 광야에서의 시간은 지난 40년 동안 애굽 왕실에서 쌓아 왔던 모든 것이 철저하게 부서지고 무력화되는 시간이었습니다. 왕자의 권세는 비참한 도망자 신세로 변했고, 젊음은 늙음으로 변했으며, 열정은 다 녹아 버렸습니다. 그래서 80세가 된 모세를 하나님이 부르셨을 때, 그는 "보낼 만한 자를 보내소서"라고 말했습니다. 자신이 가졌던 권세와 젊음, 열정이 다 사라졌으므로, 이제 자신은 하나님의 일을 할 수 없다고 생각했던 것입니다.

하지만 하나님은 "너의 능력은 중요하지 않다. 너는 이 지팡이처럼 내가 시키는 대로 하면 된다"라고 말씀하셨습니다. 광야 생활 40년 동안에 하나님은 모세를 하나님이 아니면 잠시도 설 수 없는 사람, 하지만 하나님과 함께라면 바로 왕 앞에도 설 수 있는 사람으로 변화시키셨습니다. 진정한 의미에서 '하나님의 사람'으로 바꾸신 것입니다.

이렇게 하나님은 스스로 그분의 사람을 준비시키십니다. 또한 그 준비시킨 사람을 그분이 원하는 사람으로 변화시키십니다. 하나님은 지금도 이 패역한 세대를 구원할 그분의 사람들을 준비시키고 계십니다. 그런데 그들은 대단한 실력자가 아닙니다. 오히려 하나님 앞에서 깨어진 마음을 가진 사람입니다. 오직 하나님만 신뢰하는 사람, 자신을 전혀 믿지 않는 사람, 주님의 인자하심만 구하는 사람입니다.

'나는 왜 이렇게 태어났을까', '내게 건강만 있었더라면…', '내게 학벌만 있었더라면…', 이런 넋두리는 이제 그만두시기 바랍니다. 하나님만 함께하신다면 마른 막대기도 권능의 지팡이가 될 수 있습니다.

여러분의 삶을 돌아보십시오. 하나님을 만나게 하시고, 하나님의 결정적인 은혜를 받게 하시고, 기가 막힌 사건들을 허락하신 때가 있을 것입니다. 그때는 이해할 수 없었지만 이제 와서 생각해 보면 하나님이 그것들을 통해 내 삶을 빚어내시고 하나님의 사람으로 준비시키셨음을 깨달을 수 있을 것입니다.

그리고 이제, 하나님은 여러분이 변화되기를 바라십니다. 내 것이라고 생각했던 모든 것들(그것이 설령 하나님이 주신 것이라 할지라도)을 완전히 주님께 넘기고 오직 주님만 의지하며 사는 자로 변화되기를 바라시는 것입니다.

> 이에 예수께서 제자들에게 이르시되 누구든지 나를 따라오려거든 자기를 부인하고 자기 십자가를 지고 나를 따를 것이니라 마 16:24

지금 이 시간 자신을 부인하고, '주님 없이는 한 순간도 존재하지 아니하리라'고 결단한다면 하나님이 여러분을 변화시키실 것입니다.

땅 끝에서 죽어
하늘 복판에서 만나자!

사람들은 자신이 목적을 정하고 가치를 인정한 일에 대해서는 어떤 어려움이 있더라도 해결하려고 하고, 아무리 큰 대가라도 지불하려고 하며, 지치지도 피곤치도 않습니다.

골프를 좋아하는 분들이 필드에 나가서 6시간씩 골프 치는 것을 보면 대단한 것 같습니다. 6시간 동안 그렇게 일을 하라고 하면 다들 힘들어하겠지만, 골프는 자기가 원하는 가치이기 때문에 즐기는 것입니다.

평상시 기도를 안 하던 부모라 하더라도 자녀들이 대입을 앞두고 있으면 대입 수능기도회에 열심히 참여합니다. 대학 진학을 통한 현실적인 삶의 보장이라는 가치가 있으니까, 거기에 목숨을 거는 것입니다. 그런데 왜 유독 진리에 대해서는, 하나님과 예수님, 십자가와 천국에 대해서는 그런 반응을 보이지 않을까요? 우리가 고백하는 신앙은 무엇인가요? 나에게 기도는 실제인가요? 여러분에게 복음이란 무엇인가요?

양은 물을 싫어합니다. 그러나 어미 양에게서 새끼 양을 빼앗아 물가로 가면, 어미 양은 새끼 양만 바라보며 따라옵니다. 어미 양에게 새끼 양은 목숨을 걸 가치가 있는 존재이기 때문입니다. 당신의 가치는 어디에 있습니까? 당신은 지금 어디로 가고 있습니까?

화류계, 뒷골목에서 자학증에 빠져 있던 한 청년이 궁지에 몰려서 더는 갈 곳 없는 막다른 길에 다다랐을 때, 주님은 그를 교회 앞에 서게 하시고 복음을 듣게 하셨습니다. "하나님이 세상을 이처럼 사랑하사 독생자를 주셨으니 이는 그를 믿는 자마다 멸망하지 않고 영생을 얻게 하려 하심이라"(요 3:16).

이 말씀을 들을 때 복음의 진리가 제 마음속에서 믿어지게 되었습니다. 우주가 감당할 수 없는 창조주께서 피조물 중에서도 가장 실패작 쓰레기 같은 놈을 사랑하셔서 자신의 하나밖에 없는 아들을 죽음에 내어주셨다는 이야기가 은혜로 믿어지면서, 제 마음속에는 이러한 하나님의 음성이 들렸습니다. "내가 널 사랑한다. 내가 너를 대신하여 죽을 만큼 너는 소중한 놈이다." 이 말씀이 제 마음속에 들려올 때에 저는 주님이면 충분했습니다. 그날 이후 저에게 '예수'라는 말의 의미는 마음속의 가치요 실제가 되었습니다.

인간의 진정한 가치는, 그의 내면에 있는 가치로 판명할 수 있습니다. 우리 가족에게 '복음, 선교, 십자가, 예수'는 마음속의 진정한 가치이며 실제입니다. '사랑하는 아들아 우리 땅 끝에서 죽어 하늘 복판에서 만나자!' 이것은 당시 아프리카 선교사로 나가 있던 제 아들을 만나러 갔다가 남긴 카드의 문구입니다.

예수, 십자가, 복음만 생각하면 우리에게는 힘이 솟고 달려갈 능력이 생깁니다. 그것이 실제이고 진정한 가치이기 때문입니다. 지금 여러분에게도 주님이 실제가 되어야 합니다. 진정한 가치가 되어야 합니다.

내가 사랑한다고 이야기하는 예수님이 나에게 실제가 되지 않는 이유는 나에게 다른 주인이 있기 때문입니다. 주님이 나의 전부시라는 사랑 고백을 가로막는 단 한 가지의 이유가 있다면, 그것은 내 안에 주님 아닌 다른 것들을 두었기 때문입니다.

여러분은 인생의 중요한 결정에서 예수님이 정말 주인 노릇을 하십니까? 그렇지 않다면 여러분이 정말 중요하게 생각하는 것은 무엇입니까? 여러분의 진정한 주인은 천국의 가치입니까, 세속의 가치입니까? 중간지대는 없습니다. 여러분의 믿음이 실제가 될 수 없는 것은 이런 문제가 걸려 있기 때문입니다.

이러한 고백과 기도를 올려 드리기 원합니다.

"사랑하는 주님, 제가 주인 삼은 것들을 내려놓고 오직 주님만을 나의 주인으로 삼겠다고 결정합니다. 제가 사랑했던 모든 것을 내려놓고 주님만이 저의 전부가 되셔야 합니다. 성령님, 저의 내면을 만지시고 저를 온전히 빚으셔서 주님이 저의 전부, 실제 저의 사랑이 되게 하시옵소서. 주님의 손에 제 삶을 맡깁니다. 주님이 꿈꾸시던 저를 만드시옵소서."

그리스도 예수는
여러분의 무엇을 바꾸었습니까?

사람은 무엇이 변해야 진짜 변했다고 할 수 있을까요? 우리가 그리스도인이 되면 여러 가지 형태의 변화가 일어납니다. 주일에는 예배당에 나가고, 사용하는 언어가 달라지며, 만나는 사람과 참여하는 모임의 성격도 바뀝니다.

하지만 이런 것들이 정말 그리스도인이 되었다는 증거가 될 수는 없습니다. 물론 변화의 결과일 수는 있지만, 그것만으로 그 사람이 그리스도인이다, 복음을 안다고 말할 수는 없습니다. 인간을 인간 되게 하는 가장 근원적인 존재가 바뀌기 전에는 그 어떤 것도 바뀌었다고 할 수 없기 때문입니다.

하나님이 창조하신 천지 만물은 처음 만들어질 때부터 지금까지 하나님의 말씀에 순종하고 있습니다. 하지만 감히 하나님 두려운 줄 모르고 하나님 앞에서 목을 빳빳이 세우고 있는 피조물이 바로 인간입니다.

인간이 저지르고 있는 수많은 살인, 음란, 더러움, 파괴 때문에 모든 피조 세계가 탄식하고 있습니다. 그토록 찬란하다는 21세기의 과학은 무엇을 변화시켰습니까. 그토록 현란한 인간의 지식은 우리의 무엇을 변화시켰습니까. 하나도 바뀐 것이 없습니다. 아비가 저지른 죄악을 아들이 저지르고, 또 그 손자가 저지르고…. 악은 점점 더 온 땅에 충만해져 갈 뿐입니다.

세상의 수많은 혁명이 사회 제도와 주도권을 바꾸었지만 인간 자체를 바꾸지는 못했습니다. 교육이나 철학이 인간을 조금 세련되고 발전되게 했을지는 몰라도 인간의 근본을 변화시키지는 못했습니다. 이 땅의 그 어떤 노력도 인간을 근원적으로 바꾸어 놓은 것은 없습니다. 오직 인간을 자신의 형상으로 지으시고 모든 인생의 주인 되신 하나님만이 인간을 근원적으로 바꾸실 수 있습니다. 고작 우리의 생활환경을 변화시키고 지식이나 철학을 조금 바꾸고 경제적인 부유함을 주는 것 정도에 그친다면 그것은 복음이 아닙니다.

복음은 그 사람이 추구하던 방향과는 전혀 다르게 그를 변화시킵니다. 시선이 주님께로 향하여 오직 주님만 따라가는 사람으로 근원을 바꾸어 놓습니다. 사람은 내면적인 존재입니다. 그래서 중심이 바뀌지 않는다면 아무것도 바뀌지 못합니다. 사람의 내면을 바꾸어 놓을 수 없는 복음이라면 그것은 복음이 아닙니다.

한국교회는 지난 역사 동안 어마어마한 변화를 경험했습니다. 교회는 6만 개나 세워졌으며, 선교사 파송 순위 2위 국가입니다. 예배당 건물은 화려해지고, 교인들의 생활 수준은 세련되어졌습니다. 그런데 정작 우리 삶의 방향은 전혀 바뀌지 않았습니다. 예배당에 나와서도 여전히 세상에서 1등 하는 것, 유명 대학 가는 것, 실력 있는 사람 되는 것만을 추구합니다. 썩어진 세속의 가치관은 바뀌지 않은 채 그저 교인이라는 이름만 뒤집어썼을 뿐입니다. 이 세상을 사랑하여 세속의 가치를 추구하는 습관 하나 바꿀 수 없다면 그것은 더는 복음이 아닙니다.

예수님은 여러분에게 누구입니까? '주 예수보다 귀한 것은 없네'라는 고백은 무엇 때문에 거침이 됩니까? 선교는 왜 또 다른 주제가 되어야 합니까? 당연히 순종하다 가는 삶이 땅 끝 아닙니까? 내 삶에 조그만 변화만 있으려고 해도 그때마다 결단하느라 시간을 허비한다면 우리의 복음은 도대체 무슨 복음입니까? 그리스도 예수는 여러분의 무엇을 바꾸었습니까? 예수님은 여러분 삶의 무엇입니까? 어느 정도의 가치입니까?

오! 하나님, 우리의 삶에서 당신이 영화롭게 되기를 원합니다.

지금 열방은 예수님 때문에 일생 전부를 포기할 수 있는, 그리스도만이 삶의 기쁨이 되는, 복음을 영화롭게 하는 증인들을 통해 복음을 듣게 되기를 간절히 기다리고 있습니다.

느낌을 신뢰하지 말고
진리의 말씀으로 무장하십시오

태어나서 보고 듣고 자란 것이 세상의 시기와 경쟁뿐이었던 우리가 자기를 부인하고 십자가를 지는 일이 어떻게 가능할 수 있을까요? 그것은 하나님이 우리 마음에 감동을 주실 때 가능합니다. 그것은 나로부터 이루어지는 일이 아니라 하나님이 내 안에 소원을 주실 때 가능한 일입니다.

성령의 역사에 대한 소망, 하나님 나라에 대한 갈망…. 아주 미미해 보일지라도 그러한 열망이 내 안에 일어난다면, 그것은 하나님이 일하고 계신 것입니다.

아무 소망도 없이 더럽혀진 이스라엘은 포로 귀환 시기에 하나님의 약속을 따라 예루살렘 성전을 재건하게 됩니다. 그러나 주변국들은 계속 위협과 위해를 가하고, 이스라엘은 또 다시 현실의 벽 앞에 절망합니다. 그때 주님은 하나님의 사람 스가랴에게 환상을 보여 주십니다.

더러운 예복을 입은 대제사장 여호수아를 향해 정죄와 참소를 하는 사탄. 그러나 하나님은 아무 말 못하는 여호수아를 대신해 사탄을 책망하시며, 바로 자신이 그를 택했다고 말씀하십니다. 더러워진 여호수아의 옷을 벗기고 새 옷을 입히시며 다시 대제사장의 직무를 맡기십니다.

하나님은 불에 그을린 막대기 같은 여호수아에게 "진리로 돌아가라! 그러면 내가 너를 왕으로, 제사장으로 삼겠다. 하나님과 깊은 영적 교제를 나누는 자리로 너를 불러 복을 주리라. 그리고 너와 너의 동료들을 예표의 사람으로 만들리라!"고 약속하십니다. 더러운 의복을 입었던 그를 예표의 사람으로 바꾸시는 것입니다.

복음을 만난 이후에도, 자신의 한계에 부딪히면 "복음도 완전하고 하나님도 완전하시지만, 역시 나는 안 돼"라고 말하는 사람들이 있습니다. 그때마다 사탄은 "네가 하나님의 아들이냐? 정말 구원은 받았냐?"와 같은 생각으로 우리의 직무를 벗기려 합니다. 물론 존재적으로 보면 우리는 별 볼 일 없고, 상황적으로도 아무것도 아닌 자였습니다. 그러나 주님은 우리를 택하셔서, 더러워진 죄의 옷을 벗기고 새 옷을 입히셨습니다.

너희가 나를 택한 것이 아니요 내가 너희를 택하여 세웠나니 요 15:16

내가 주님을 택한 것이 아니라, 주님이 나를 택하신 것입니다. 어떤 대단한 조건에 맞아서가 아닙니다. 하나님의 주권적인 선택일 뿐입니다.

우리에게는 어떤 선함도 공의도 잘남도 없으나, 하나님은 그분의 선택이 헛되지 않도록 우리를 그 부르심에 합당한 자로 바꾸십니다. 그리고 하나님은 제사장의 직분도 다시 주셨습니다. 우리의 죄를 사하시고 그리스도의 완전한 생명을 주신 것입니다. 이는 그리스도의 피로 이루어진 사실입니다. 우리가 거룩한 은혜의 보좌 앞으로 나아갈 수 있도록 주님이 이루신 것입니다.

이제는 오직 말씀으로 사는 사람이 되었음을 기억합시다. 복음의 능력과 복. 이 모든 것을 경험하는 길은 하나님의 말씀에 순종하는 것입니다. 하나님의 절대 주권을 믿는 것입니다. 나에게서 나오는 가능성을 믿는 것이 아니라 주의 약속하신 말씀 위에 서는 것입니다.

어떤 현상 때문에 미혹되더라도 다 믿지 말고 그것이 하나님에게서 온 것인지 시험하십시오. 진리의 영과 속이는 영을 분별하며 느낌을 신뢰하지 마십시오. 마지막 때일수록 혼돈이 더욱 심해지기 때문에 우리는 오직 말씀으로 돌아가야 합니다. 영적인 기준이 없는 이때에 더욱 진리의 말씀에 침잠하고, 더욱 무장하십시오.

오직 말씀으로 사는 것은 다른 게 아닙니다. 주님을 사랑하는 사람은 그분의 말씀을 무시하거나 불순종할 수 없습니다. 그는 깊은 사랑의 교제 가운데 온전히 주님을 믿고 따르며, 믿음 가운데 어떤 상황에도 인내합니다. 그리고 주님은 우리를 이와 같은 예표의 사람이 되게 하십니다.

하나님의 복을 구하는 자로 서십시오. 세상의 복을 구하는 자는 바람에 나는 겨와 같습니다. 두려움 없이 말씀 안에서 걸어가십시오. 하나님이 부탁하신 말씀을 생명 다해 지키십시오. 주님은 우리를 하나님의 영광을 위한 예표적인 사람으로 세워 사용하기를 원하십니다. 지금 이 순간 "나는 오직 말씀이 결론이 되게 하겠습니다!"라고 결단하십시오. 주님이 이루십니다.

복음이 복음 되게 하십시오

하나님이 아브라함에게 약속하신 언약의 핵심은 '너로 복의 근원이 되게 하고 열방이 너로 말미암아 복을 받게 된다'는 것입니다. 이는 후손에 대한 약속이며 궁극적으로 예수 그리스도를 이야기하는 것입니다. 그러나 아브라함은 본토 아비의 집을 떠나 믿음의 걸음을 걷게 되면서 눈앞에 보이는 현실 때문에 갈등과 번민을 겪습니다.

그는 무려 10년 동안 하나님의 약속을 인내로 기다립니다. 자손이 생길 기미는 보이지 않고 더는 기다릴 수 없었던 아브라함은 자신이 할 수 있는 최선의 일을 행합니다. 바로 양자를 들여 자손으로 삼는 것입니다. 사래 역시 늙어 가는 자신을 보며 자녀가 생길 가능성이 없다고 생각해 몸종 하갈을 통해 이스마엘을 낳게 합니다. 하나님의 약속을 이루기 위해 자기의 최선으로 행한 것입니다.

이것은 하나님께 열심을 내는 우리가 쉽게 범할 수 있는 잘못입니다. 하나님의 약속을 정확히 붙들지 못하고 내 생각대로 행동하면 문제가 생깁니다. 우리는 예수를 믿을 때, 십자가를 통과할 때, 말씀에 근거해 정확하게 통과해야 합니다. 복음 앞에 섰을 때 나를 철저하게 점검하고 검증하고 확증해야 합니다. 하와에게 그랬듯이 사탄은 우리의 애매모호한 문장 사이를 틈타 들어오기 때문입니다.

이스마엘을 통해서 아브라함은 잠시 위로를 받았습니다. 그러나 그것으로 하나님의 약속이 성취됐다고 할 수는 없습니다. 성경은 아브라함이 이스마엘로 말미암아 깊이 근심하게 되었다고 기록합니다(창 21:11). 하나님에게서 난 것이 아닌 육체에서 난 최선의 산물로는 하나님의 역사를 이룰 수 없는 것입니다. 하나님이 아브라함을 통해 우리에게 보여 주시는 것은, 구원은 인간에 의한 최선의 산물이 아니라 절대적인 하나님의 주권으로 이루어진다는 것입니다.

우리는 하나님의 약속을 믿고 끝까지 믿음의 싸움을 감당해야 합니다. 이 땅에서 이루어지는 하나님의 역사는 인간의 지혜에서 나오는 것이 아닌, 하나님의 전능과 지혜에서 완전함과 거룩함으로 나오기 때문입니다. 우리의 최선과 주님의 주권을 섞는 일은 있을 수 없습니다.

하나님 앞에서 끝까지 정리되어야 할 것이 있습니다. 우리의 육에서 난 것들, 우리의 최선에서 난 것들, 인간의 노력이나 인간의 방법에서 난 것들을 철저히 믿음으로 넘기는 것입니다. 그렇게 하지 못할 경우, 우리는 자기 의의 가시에 찔리게 됩니다.

하나님의 능력이 나에게 온전한 것이 되도록 십자가 앞에 전심으로 나아가십시오. 내가 아니라 주님이 직접 약속을 성실히 이루실 것을 믿고 가는 것입니다. 복음이 복음 되게 하십시오. "너희 안에서 착한 일을 시작하신 이가 그리스도 예수의 날까지 이루실 줄을 우리는 확신하노라"(빌 1:6).

하나님의 말씀을 여러분의 최선으로 바꾸지 마십시오. 주님의 일을 한다는 명분으로 하나님에게서 나오지 않는 인간의 방법을 쓰지 마십시오. 아무것도 하지 말고 있으라는 말이 아닙니다. 버리는 믿음뿐 아니라, 취하는 믿음을 사용하시기 바랍니다. 예수님을 알 수 있는 모든 길목에서 여러분의 발걸음을 멈추지 마십시오. 성경 읽기, 기도, 순종, 그 모든 것에서 주님을 체험으로 알아 가십시오. 그래서 그 진리에 목숨을 걸고 순종하는 적극적인 믿음을 취하시기 바랍니다.

만약 아직도 십자가에 넘겨지지 않은 우리의 최선이 남아 있다면, 다른 열심으로 대신해 보려 하지는 마십시오. 두려워 직면치 못하는 그런 것들을 지금 즉시 마음 자락에서 떼어 버리십시오. 그리고 성령께서 하시는 고백을 주님께 드리기 바랍니다. "기쁠 때나 성공했을 때도 주님은 나의 전부이시고, 실패하거나 비참했을 때도 주님은 나의 전부이십니다." 생명의 고백을 주님께 올려 드리며 약속을 좇아 담대히 나아갑시다.

하나님의 영광을 가리는
염려와 두려움의 손바닥을 치우십시오

내가 너희에게 뱀과 전갈을 밟으며 원수의 모든 능력을 제어할 권능을 주었으니 너희를 해칠 자가 결코 없으리라 그러나 귀신들이 너희에게 항복하는 것으로 기뻐하지 말고 너희 이름이 하늘에 기록된 것으로 기뻐하라 하시니라 눅 10:19-20

70인 전도대의 승전은 주님의 마음에도 흡족할 만한 소식이었습니다. 그러나 주님은 곧장 더욱 분명한 결론을 말씀하십니다. 가변적인 상황의 변화나 보이는 현실의 승리에 비할 수 없는, 영원한 기쁨의 소식인 '구원'을 바라보라는 것입니다.

삶에서 겪는 크고 작은 승리의 경험 뒤에는 또 다른 두려움이 생기기 마련입니다. 금세 그것에 만족하는 습성에 머무르거나, 실패에 대한 두려움 때문에 더는 앞으로 나아가지 못하는 것입니다. 그러나 주님은 우리를 사람 수준에 머물지 않게 하시고 더 큰 영광으로 이끌어 내십니다. 근원적이고 본질적인 기쁨으로 초대하시는 것입니다.

일상에서 겪게 되는 크고 작은 사건들이 우리를 통째로 흔들 수 있습니다. 작은 유혹은 염려와 좌절을 낳게 하고 배의 키와 같이 사람의 마음을 요동케 합니다. 그러나 기억하십시오. 우리를 넘어지게 하는 것은 큰 문제가 아닌, 작은 일상일 경우가 더 많습니다.

노아 시대를 생각해 보십시오. 모든 이들이 눈앞에 놓인 구원의 방주를 보고도 지나쳐 버렸던 이유는 무엇일까요? 대단히 크고 중요한 이유가 아니었습니다. 먹고 마시고 시집가고 장가가는, 일상에서 비롯된 소소한 걱정과 근심, 두려움 때문이었습니다. 어마어마한 태양을 가리는 데는 아주 특별한 무엇이 필요하지 않습니다. 손바닥 하나면 충분합니다. 손바닥으로 자기 시야를 가리면 아무것도 볼 수 없는 것입니다.

> 하나님은 우리의 피난처시요 힘이시니 환난 중에 만날 큰 도움이시라 그러므로 땅이 변하든지 산이 흔들려 바다 가운데에 빠지든지 바닷물이 솟아나고 뛰놀든지 그것이 넘침으로 산이 흔들릴지라도 우리는 두려워하지 아니하리로다 시 46:1-3

우리의 한계를 경험하는 상황과 혼돈 속에 있을 때, 시편 기자는 믿고 의지할 터가 무엇인지 보게 합니다. 원수의 목전에 내던져진 것 같은 전장일지라도, 믿음의 근거가 되시는 하나님만이 우리를 두려움 가운데서 건지실 전능자이십니다. 땅이 변하고 산이 흔들리고 바닷물이 넘쳐날 때도 우리가 담대할 수 있는 이유는 살아 계신 하나님에게 있는 것입니다.

> 이르시기를 너희는 가만히 있어 내가 하나님 됨을 알지어다 내가 뭇 나라 중에서 높임을 받으리라 내가 세계 중에서 높임을 받으리라 하시도다 만군의 여호와께서 우리와 함께 하시니 야곱의 하나님은 우리의 피난처시로다 시 46:10-11

세계 가운데 높임을 받으실 유일하신 하나님이 함께하신다면, 그것이 우리의 기쁨과 환희, 예배의 이유가 됩니다. 여러분! 진리의 터에 뿌리를 내리십시오. 다른 즐거움을 제하고, 오직 그리스도로 말미암은 십자가의 구원으로 기뻐하며 예수 생명을 의지하며 나아가십시오.

그리스도께 뿌리를 깊이 내리려 할 때 우리 편에서 해야 할 일이 있습니다. 바로 하나님의 영광을 가리던 염려와 두려움이라는 손바닥을 치워 버리는 것입니다. 사람을 두려워하지 말고, 살아 계신 하나님을 경외함으로 서서, 사탄의 궤계를 능히 멸하신 십자가로 나아가는 것입니다.

자아 생명으로부터 나온 모든 탐심을 벗어 버리고(눅 12:15), 기도로 준비하며 깨어 있으십시오(눅 12:40, 48). 진리를 선택함으로 겪게 될 반응에 대해 담대하십시오(눅 12:51). 세상의 거친 파도 앞에 어떤 대가 지불도 두려워하지 않는 그리스도의 세대로서(눅 12:56) 믿음의 눈을 들어 십자가를 바라보는 것입니다. 염려와 두려움과 사람 수준의 유희를 떠나 그리스도의 영광, 십자가를 향해 달려 나아갑시다.

여호와를 경외하는 길, 십자가의 길로 나아갑시다

살다 보면 사탄이 쳐 놓은 그물 때문에 도저히 빠져나갈 길이 없어 보일 때가 있습니다. 그때 진리를 결론 삼고 나아가는 자는 반드시 주님의 권능을 보게 됩니다. 믿음의 사람들을 보십시오. 모든 상황 가운데 주님 되심이 '임마누엘'로 나타납니다.

> 여호와를 경외하는 자에게는 견고한 의뢰가 있나니 그 자녀들에게 피난처가 있으리라 여호와를 경외하는 것은 생명의 샘이니 사망의 그물에서 벗어나게 하느니라 잠 14:26-27

아브라함도 다 알고 순종한 것은 아니었습니다. 그는 부르심을 따라 순종했을 때부터 스스로 아무것도 할 수 없음을 계속해서 경험했습니다. 아무것도 모르고 따라갔으나 주님은 그의 모든 걸음을 인도해 주셨습니다. 위기의 순간은 피하게 하셨고, 아찔한 실수를 할 때는 친히 건져 주셨습니다. 알지 못한 채로 진리를 선포했지만 주님은 그 고백을 붙들어 주셨고 늘 지켜 주셨습니다.

우리는 상당히 설득력 있는 말로 세상을 조정하는 세력을 봅니다. 사상, 철학, 과학으로 역사를 풀어내는 사람들의 이야기를 들으면, 마치 역사가 그 사람들에 의해 좌지우지되는 것 같은 생각이 듭니다. 또 로마의 황제, 일본의 천황, 태국의 왕 등은 스스로 자신들을 신이라 불렀고, 히틀러만 해도 자기가 이 세상을 통일해 보겠다는 기염을 토하면서 세계대전을 일으켰습니다.

물론 이 사건들은 하나님이 허용하신 일입니다. 그러나 결국 모든 일이 주님 손 안에 있음을 역사의 끝에서 보게 될 것입니다. 어둠과 흑암에 종노릇하다가 절망과 저주와 심판을 받게 될 세상의 운명을 주님이 보이실 것입니다.

이 사실을 아는 하나님의 사람들과 교회는 무엇을 해야 할까요? 마치 사탄이 승리하는 것 같아 보이는 세상 속에서 우리가 해야 할 일은 끝을 바라보며 복음을 선포하는 것입니다. 가장 완전한 길, 안전한 의뢰, 믿을 만한 길 되신 주님을 바라보도록 세상에 외쳐야 합니다. 요셉의 생애를 보십시오. 사탄이 공격했던 건 다른 것이 아닙니다. '하나님을 믿어 봤자 소용없다'는 낙담을 심고자 했던 것입니다. 그러나 사탄의 승리처럼 보인 것은 아주 잠시뿐, 결국은 임마누엘하신 하나님이 요셉을 통해 승리를 보여 주지 않으셨습니까?

일곱째 천사가 소리 내는 날 그의 나팔을 불려고 할 때에 하나님이 그의 종 선지자들에게 전하신 복음과 같이 하나님의 그 비밀이 이루어지리라 하더라 계 10:7

모든 역사의 과정 안에 악이 득세하고 사탄의 세력이 이기는 것 같이 보이더라도, 보이지 않는 하나님이 더욱 실제임을 기억하십시오. 영원히 변치 않는 실제인 십자가의 길로 더욱 걸어 나가십시오. 십자가 그늘 밑이 가장 안전한 곳입니다. 사탄의 그물망, 사탄의 영향력이 통하지 않는 곳은 십자가 그늘 밑입니다. 가장 완벽한 의뢰의 길, 후회 없이 당당히 걸어갈 수 있는 길, 사탄의 전략을 다 모르더라도 우리의 갈 바를 다 알지 못해도 여호와를 경외하는 길, 그 길만 택하는 것입니다. 그러면 견고한 의뢰가 되시는 주님으로 말미암아 이 역사의 한복판을 당당히 걸어갈 수 있습니다.

그런데 십자가의 자리에서 하나님을 경외한다는 것이란 무엇일까요? 첫째는 떠나는 것입니다. 하나님을 경외한다는 말은 죄와 세속적 가치에서 떠나며, 나의 만족과 유익을 구하는 자아의 감옥에서 떠나는 것입니다. 십자가 없이 인간의 영광만을 구하는 죄에서, 회개의 촉구 없는 부정하고 공허한 모든 것에서, 하나님 앞에 불순종하는 자리에서 빨리 떠나는 것입니다.

둘째는 그의 아들과 입 맞추는 것입니다. 하나님이 주신 약속 중에 가장 신바람 나고 확실한 약속은 바로 어린양의 혼인 기약입니다. 그분의 혼인 기약에 참예하십시오. 신부는 죽임을 당한 어린양의 생명책에 기록된 사람, 십자가의 복음으로 예수 그리스도를 만난 사람입니다. 죄악으로 가득 차 있는 모든 영역에서 하나님의 거룩한 통치가 이루어지도록 그분을 사랑하는 마음으로 이 전쟁의 대열에 참예하십시오.

가장 견고한 의뢰는, 세상이 보여 주는 안전한 길이 아닌 바로 여호와를 경외하는 길입니다. 이제 주님만을 사모하는 신부로, 그분과 함께 살고 그분과 함께 기업을 취하는 자로 당당히 그 길을 향해 나아갑시다.

'부흥'이란
거룩의 회복입니다

거룩하게 되기를 원하십니까? 겉으로는 "거룩하게 하옵소서!"라고 기도하지만 속으로는 진짜 거룩하게 될까 봐 겁내는 것이 우리입니다.

사실 우리는 하나님과 세상 사이에서 적당히 양다리를 걸치고 싶습니다. '거룩'이라고 하면 왠지 모를 거리감이 생기고, 구속당하는 것 같고, 슬프고 무거운 느낌이 들기 때문입니다.

우리의 죄 된 본성으로는 거룩에 대한 이런 왜곡된 정서가 있는 것이 지극히 자연스러운 일입니다. 하지만 거룩은 우리의 일그러지고 왜곡된 정서와는 달리 영광스럽고 아름답고 순결하고 새롭고 완전한 것입니다. 이러한 거룩이 교회의 본질입니다. 왜냐하면 하나님이 거룩한 분이시기 때문입니다. 그래서 하나님을 거룩한 아버지, 거룩한 아들, 거룩한 영이라고 합니다. 그리고 그리스도인이 된 우리를 성도, 즉 거룩한 무리라고 합니다. 거룩은 성도의 신분을 나타내는 본질인 것입니다.

하나님을 따라 의와 진리의 거룩함으로 지으심을 받은 새 사람을 입으라 엡 4:24

따라서 교회의 가장 큰 위기는 거룩함을 잃어버리는 것입니다. 그렇기에 '부흥'이란 거룩의 회복입니다. 그리스도께서 악한 세력을 깨뜨리시고 영광의 왕, 만주의 주로서 좌정하시는 승리의 날에 대한 약속입니다. 그리고 주님은 그분의 권능으로 이미 약속을 해주셨습니다.

하나님으로부터 오는 부흥은 그분의 열심으로 어느 때든 부어 주실 준비가 되어 있습니다. 그런데 왜 부흥이 지체되고 있을까요? 놀랍게도 성경은 부흥이 일어나기 위해 주의 백성이 거룩한 옷을 입어야 한다고 말씀하고 있습니다. 그리고 거룩한 옷을 입은 그들이 즐거이 헌신해야 한다고 말씀하고 있습니다.

주의 권능의 날에 주의 백성이 거룩한 옷을 입고 즐거이 헌신하니 새벽 이슬 같은 주의 청년들이 주께 나오는도다 시 110:3

그렇다면 거룩함이란 무엇입니까? 첫째, 거룩은 진리에서 나옵니다.

그들을 진리로 거룩하게 하옵소서 아버지의 말씀은 진리니이다 요 17:17

하나님의 말씀은 영원하고 능력이 있습니다. 따라서 전능하신 하나님의 말씀에 순종해서 "아멘" 할 때, 도저히 거룩할 수 없는 내가 거룩하게 되는 것입니다. 거룩한 삶이란 다른 것이 아닙니다. 오직 진리 안에서 나옵니다. 거룩은 성경의 원리와 지침을 따라 목숨 걸고 가는 것입니다.

둘째, 거룩은 순결에서 나옵니다.

> 곧 손이 깨끗하며 마음이 청결하며 뜻을 허탄한 데에 두지 아니하며 거짓 맹세하지 아니하는 자로다 그는 여호와께 복을 받고 구원의 하나님께 의를 얻으리니 시 24:4-5

셋째, 거룩은 경외함에서 나옵니다. 무엇을 두려워하는지를 보면 그 사람이 어디에 속했는지 알 수 있습니다. 사람은 마땅히 두려워할 분을 바로 알고 경외할 때 담대함을 갖게 됩니다. 오직 하나님만을 두려워하십시오.

복 있는 사람은 진리와 순결함과 경외함을 지닌 거룩한 자입니다. 주님은 이들의 즐거운 헌신과 함께 권능의 날을 이루어 가겠다고 말씀하십니다. 하지만 거룩은 우리의 힘과 노력으로 될 수 없습니다. 스스로 거룩해지고자 했던 사람들은 모두 절망했습니다. 주님의 거룩한 생명이 우리 안에서 꽃 피우는 것은 오직 나를 포기하고 전적으로 주님을 의탁할 때, 주님이 내 삶을 주장하시도록 내 삶을 넘겨드릴 때만 가능합니다.

주님 앞에 우리 자신을 올려 드리는 기도를 드립시다. "주님, 저는 당신의 거룩과는 너무 거리가 먼 자입니다. 주님께서 거룩을 입혀 주시지 않으면 저는 거룩하게 될 수 없습니다. 저의 중심을 주님 앞에 드립니다. 저를 받아 주십시오."

비록 세상의 가치로 보면 초라해 보일지라도…

어느 날, 주님은 제자들에게 황당한 질문을 받습니다. "천국에서는 누가 큽니까?" 그런데 이 질문 자체가 모순입니다. 천국에 대해 '누가 크냐'라는 세상의 가치로 물었기 때문입니다. 제자들은 3년 반이나 주님을 따라다니고도 여전히 세상의 가치를 가지고 있었던 것입니다.

복음을 받았다고 하는 우리도 누군가 "예수 믿고 복 받는다는 것은 어떤 것을 말합니까? 예수 믿고 가장 복 받은 사람은 어떤 사람입니까?"라고 물어 온다면, 대부분 세상의 가치 기준에 따라 대답할 것입니다. 그리고 그것을 가지고 비교하고, 우울해하고, 비참해할 것입니다. 그러나 주님은 제자들의 질문에 대해 이렇게 말씀하셨습니다.

> 너희가 돌이켜 어린아이들과 같이 되지 아니하면 결단코 천국에 들어가지 못하리라 마 18:3

여기서 천국은 우리가 죽어서 가는 영원한 세계뿐 아니라, 이 땅에서 하나님이 다스리시는 모든 영역을 말합니다. 반면에 세상은 하나님의 통치를 벗어난 곳을 통칭합니다. 천국의 가치는 세상의 가치와 다릅니다. 주님은 어린아이와 같이 되어야 천국에 합당한 자라고 말씀하십니다.

어린아이의 특성은 무엇입니까? 절대 의존성입니다. 어린아이는 스스로 설 수 없기에 언제든지 부모에게 전적으로 의존합니다. 또한 단순합니다. 선입견이 없기 때문에 부모가 가르쳐 준 지식과 가치관을 그대로 받아들입니다. 마찬가지로 우리는 주님께 절대 의존적이어야 합니다. 주님이 시키시는 대로, 가르쳐 주시는 대로 행하는 단순함이 필요합니다.

내 안의 세상적 가치, 자아 중심의 가치를 완전히 버리고 전적으로 주님이 가르쳐 주시는 대로 행해야 합니다. 이것이 바로 복음을 살아내는 비결입니다. 우리가 복음을 받고 천국시민으로 다시 태어나면, 천국의 가치와 복음의 가치를 하나씩 배워 나가야 합니다.

"나는 주님 없으면 말도 못하고 생각도 못하고 아무것도 할 수 없습니다. 주님, 제게 말하는 법과 관계하는 법과 섬기는 법을 가르쳐 주십시오." 이런 태도로 날마다 주님을 의지하고 나가야 합니다. 복음으로 돌이켜 어린아이가 된 사람들에 대해 주님은 이렇게 말씀하십니다.

> 또 누구든지 내 이름으로 이런 어린아이 하나를 영접하면 곧 나를 영접함이니 마 18:5

복음을 전부로 받고 천국의 사람으로 다시 태어난 사람을 배우자, 동역자, 리더로 얻는다면, 주님이 오신 것과 같은 효과로 주님의 영광을 보게 됩니다.

또한 하나님 앞에서 완전히 어린아이가 된 사람은 천국의 VIP입니다.

> 삼가 이 작은 자 중의 하나도 업신여기지 말라 너희에게 말하노니 그들의 천사들이 하늘에서 하늘에 계신 내 아버지의 얼굴을 항상 뵈옵느니라 마 18:10

비록 세상의 가치로 보면 초라해 보일지라도 주님 한 분만을 선택하고 진리의 길, 십자가의 길을 선택한 사람을 주님은 가장 소중하게 여기십니다. 여러분, 이제 돌이켜 어린아이와 같이 되기로 결단하시기 바랍니다. 뿐만 아니라 지금 어린아이인 우리의 자녀들, 심어 주고 넣어 주면 그대로 받아들이는 어린 세대들을 오직 주님만 의지하는 복음의 용사로 세워 나가야 합니다.

> 너는 마음을 다하고 뜻을 다하고 힘을 다하여 네 하나님 여호와를 사랑하라 오늘 내가 네게 명하는 이 말씀을 너는 마음에 새기고 네 자녀에게 부지런히 가르치며 신 6:5-7

우리 자녀들이 오직 주님만 의지하도록, 주님께 단순하게 반응하도록, 복음을 살아내는 일꾼이 되도록 힘써야 합니다. 주님은 오직 그분만을 전부로 선택한 이 시대의 작은 예수들을 통해 온 땅을 변화시키는 주님의 영광을 나타내실 것입니다.

꿈꾸는 자가 있어야 다가오는 하나님의 부흥

하나님은 아브라함에게 약속했던 언약을 이루시기 위해 요셉이라는 연약한 한 사람을 선택하셨습니다. 요셉의 훗날을 아는 우리에게는 그가 대단해 보이지만, 사실 그는 참으로 유약했습니다.

병적으로 자신을 사랑하는 아버지의 편애를 받고 자란 요셉은 형들의 잘못을 일러바치는 외곬적인 자기 의를 가졌으며, 거절 받는 사람들의 아픔을 알지 못하는 사람이었습니다. 하지만 하나님에게 있어서 그릇 자체의 능력은 아무 상관이 없습니다. 사용하시는 하나님이 전능하시기 때문입니다.

이처럼 하나님은 그분의 꿈을 이루기 위해 먼저 꿈꾸는 자를 예비하십니다. 그리고 그 꿈은 내가 원하는 꿈이 아니라 하나님이 부어 주신 꿈이어야 합니다. 하나님의 부흥을 위해서는 하늘의 꿈을 받은 사람이 필요합니다.

사도행전 2장 17절 말씀처럼 성령님께서 우리에게 꿈을 부어 주시면, 먼저 우리 영혼에 부흥이 일어나게 됩니다. 저주와 사망에 종노릇하던 우리의 영혼을 구원하시고, 우리 심령에 하나님의 형상을 회복해 주십니다. 성령의 권능을 힘입어 이 세상을 이기는 증인으로, 열방의 통로로 쓰임 받게 해주십니다.

또한 무릎을 꿇으면 기도의 용사요, 입을 열면 복음의 증인이요, 걸어가면 세상의 빛으로 그렇게 우리 인생을 사용하십니다. 이는 능력 있는 어떤 특정 인물의 얘기가 아닙니다. 바로 우리 안에 하나님이 이루실 하나님의 꿈, 하나님의 나라입니다.

하나님은 갈등과 깨어짐으로 나약해진 우리의 가정, 악과 불의로 가득한 이 사회, 성령의 권능이 죽어 버린 교회들이 회복하는 꿈을 우리에게 부어 주실 것입니다. 하나님은 개인과 가정, 사회, 교회, 이 모든 영역이 회복될 하늘의 꿈을 가진 자를 준비시키십니다. 꿈꾸는 자가 있어야 하나님의 부흥이 올 수 있기 때문입니다.

개인 영혼에 대한, 가정에 대한, 교회와 사회에 대한 우리의 꿈은 어떻습니까? 만약 하나님이 부흥의 놀라운 꿈을 담는 그릇으로 당신을 선택하신다면, 놀라지 말고 아멘으로 받으시기 바랍니다.

하지만 하나님의 꿈을 꾸는 자들이 세워지면 놀랍게도 원수들의 도전이 곧바로 닥쳐옵니다. "꿈꾸는 자가 오는도다"라고 말한 원수들은 우리를 향해 "그 꿈이 어떻게 되는지를 우리가 볼 것이다" 하며 덤벼듭니다.

꿈꾸는 자들이 그토록 무섭기 때문입니다. 꿈꾸는 자를 포착하는 즉시 사탄은 그를 구덩이로 몰아넣습니다. 하지만 사탄은 우리에게 시련을 줄 수 있을지는 몰라도 하나님의 꿈을 꺾을 수는 없습니다. 사탄의 도전 앞에서 꿈을 스스로 지키려고 하지 말고, 주님이 그 꿈을 이루신다는 것만을 믿고 나가십시오. 꿈을 심으신 주님이 그 꿈을 성취하십니다.

꿈을 짓밟는 도전이 있을 때마다 성경이 말하는 해답은 오직 하나였습니다. "하나님이 요셉과 함께하심으로 그의 범사를 형통하게 하셨더라"(창 39:2, 23). 상황이나 내 능력, 내 형편을 바라보는 것이 아니라 하나님 그분을 바라보는 것입니다.

수십 년 전 한국교회가 그토록 부르짖으며 간구했던 기회가 지금 우리에게 주어져 있습니다. 하나님이 여러분에게 주신 모든 기회, 여러분의 젊음, 여러분의 지성, 여러분의 믿음…. 이제 이 모든 것은 주님의 나라를 위해서 멋지게 사용되어야 합니다.

"꿈꾸는 자가 오는도다!" 세상이 여러분을 향해 이렇게 소리치게 해야 합니다. 사탄이 놀라서 소리치게 해야 합니다. 하나님이 주신 꿈을 내 것으로 받으십시오. 그리고 그 꿈을 이루시는 하나님을 믿고 나아가시기 바랍니다.

부르심의 자리는 바꿀 수 없는 영원한 것입니다

조금 있으면 너희가 나를 보지 못하겠고 또 조금 있으면 나를 보리라 하시니…너희는 곡하고 애통하겠으나 세상은 기뻐하리라 너희는 근심하겠으나 너희 근심이 도리어 기쁨이 되리라 여자가 해산하게 되면 그 때가 이르렀으므로 근심하나 아기를 낳으면 세상에 사람 난 기쁨으로 말미암아 그 고통을 다시 기억하지 아니하느니라 지금은 너희가 근심하나 내가 다시 너희를 보리니 너희 마음이 기쁠 것이요 너희 기쁨을 빼앗을 자가 없으리라

요 16:16, 20-22

십자가에 못 박히시기 전날 밤, 몇 시간 후면 죽게 된 시점에 예수님은 마치 이때를 기다리고 계셨다는 듯 제자들에게 말씀하십니다. 담담하게, 죽음 뒤에 이루어질 일에 대해 말입니다. 정신을 차릴 수 없을 만큼 영광스러운 이야기를 나누다가 곧이어 고난과 핍박을 당할 것을 말씀하

셨습니다. "조금 있으면 너희가 나를 볼 수 없을 것이다. 그러나 조금 있으면 나를 볼 것이다."

제자들은 이 말씀을 도무지 이해할 수 없었습니다. 현실을 살아가는 우리로서는, 제아무리 하늘의 진리가 들려와도 믿음이 아니고는 이해할 수 없기 때문입니다.

"조금 있으면…." 단순히 정신적 위안을 주기 위해 하신 말씀이 아닙니다. 그분을 따르고 믿는다는 것은 우리 수준의 일이 아니기 때문입니다. 완전하고 영광스러운 복음이 선포되어도 그것을 받을 수 없음은 우리의 마음이 온통 현실에 가 있기 때문입니다. 제자들이 수많은 은혜의 말씀이 쏟아져도 기쁨으로 받지 못한 것은 이 땅에서 받아야 할 고난과 포기해야 할 것들에 대해 내려놓지 못했기 때문입니다.

그럼에도 주님은 제자들에게 영적인 실상을 말씀하십니다. 온통 눈에 보이는 것에 길들여져 있던 그들에게 "내가 떠나가는 것이 너희에게 유익이다. 너희가 얻을 영광은 영원한 것이고 너희가 받는 고난은 잠깐이다. 한 걸음 내디뎌라. 그리하면 영광을 볼 것이다"라고 도전하십니다. 실제 우리가 염려하던 일은 일어날 수 있습니다. 그러나 기억하십시오. 잠깐입니다.

반면 모든 것을 잃는다 해도 이 부르심의 자리는 바꿀 수 없는 영원한 것입니다. 목숨을 잃고자 하는 자만이 생명을 얻는다는 말은, 예수를 좇으려면 누구라도 고난을 생략하거나 피해 갈 수 없다는 말입니다. '꼭 이 길밖에 없는가?'라고 생각합니까? 그렇습니다. 이 길만이 살 길입니다. 주님은 다른 것으로는 대신할 수 없다고 말씀하십니다.

"죽어야 산다"는 말은 결코 쉬운 말이 아닙니다. 그러나 살고 싶으면 반드시 죽어야 합니다. 창조주 하나님의 아들이 천사보다 조금 못하게 되신 것이, 죽음의 고난을 당하신 것이 어찌 작은 일이라 할 수 있겠습니까. 그런데도 그 또한 잠깐이라고 하십니다. 아이를 낳아 보셨습니까? 아이를 낳는 고통은 죽음 같으나 해산을 하면 고통이 사라지고 기쁨이 찾아옵니다. 아이를 낳는 고통이 계속된다면 누가 아이를 낳으려 하겠습니까. 잠깐입니다. 주님도 이 고통이 조금, 잠시라는 진리로 이기셨습니다.

주님은 죽음 이후의 영광에 대해서 말씀하십니다. "믿음으로 참여하라!" 부활의 생명에 비하면 죽음과 포기는 아주 작은 것이라고 하십니다. 여러분, 나에 대한 죽음을 담대함으로 마주 대하십시오. 피해 갈까 돌아갈까 생각하지 마십시오. 그리스도인은 그리스도인다워야 하고, 제자는 제자다워야 하며, 교회는 교회다워야 합니다. 다른 것에 미련 두지 말고 진리에 엎어지십시오.

잘 결단하고 출발한 것 같은데 전쟁이 길어지면서 혹 힘들고 지치지 않으셨습니까? 꼭 큰 장애 때문에 넘어지는 것은 아닙니다. 앞이 보이지 않고 자신의 어떠함만 계속 보일 때 넘어지게 됩니다. 그러나 다른 것을 바라보지 마십시오. 변하는 자기 마음이 아니라 결코 변하지 않으시는 주님을 바라보십시오. 그리고 더욱 담대하십시오. 장래, 결혼, 건강…. 사람이기에 수많은 실제적인 고민과 갈등이 있을 수 있습니다. 나이가 들수록 그 부담감이 커질 것입니다. 그러나 기억하십시오. 잠깐입니다. 반드시 오실 이가 오십니다.

주님을 따르는 자들은 주님이 소중히 다루십니다. 그러니 염려하지 마십시오. 영원하지 않은 가치가 여전히 주장하도록 내버려 두지 마십시오. 영원을 선택한 자, 예수 그리스도를 선택한 자는 주님이 책임지신다는 진리를 전부로 취하십시오. 주님을 따르는 자는 세상의 미움을 받습니다. 그러나 이 모든 것을 이길 수 있는 것은 주님의 위로와 평안이 있기 때문입니다.

역풍을 받으며 거슬러 나아가야 하는 믿음의 삶에 탄식과 고통이 따르는 것은 사실이지만, 그 어떤 어려움도 우리를 하나님의 사랑에서 끊을 수 없음을 기억하십시오. 주님은 언제든 우리를 약속하신 천국에 데려가 고통을 없애 주실 수 있습니다. 그러나 수많은 영혼을 구원하기 위해 잠시 우리를 이 땅에 두셨습니다. 주님은 우리의 기도와 순종으로 두려움과 탄식, 그리고 죽음 가운데 사는 영혼들을 찾기 원하십니다. 영원한 복음의 가치 앞에 자신을 드리기를 멈추지 말고 나아가십시오. 우리 주님이 곧 오십니다. 이제 곧 승리의 영광을 볼 것입니다.

중단된 심령의 성전 건축을 다시 시작하십시오

거친 파도를 이겨낸 배도 닻을 깊이 내리지 않으면 잔잔한 물결에 원치 않는 곳으로 흘러가 버릴 수 있습니다. 우리 삶도 그렇습니다. 십자가의 복음을 엄청난 충격으로 만난 이후, 다시는 구질구질한 세상의 가치관으로 살지 않고 오직 믿음으로 살겠다고 결단합니다. 그런데 어떤 큰 사건이 아닌 하루하루 반복되는 자잘한 일상들 때문에 삶의 우선순위가 슬슬 바뀌면서 우리의 믿음은 흔들리기 시작합니다.

복음은 철저한 우선순위의 삶으로 우리를 이끕니다. 정말 중요한 기회, 하나님의 은혜를 받아야 할 기회, 하나님 나라를 위해 일할 기회를 아주 하찮은 일 때문에 놓쳐 버릴 수 있는 것입니다.

이스라엘이 바벨론에 끌려간 지 70년이 지나, 하나님이 예레미야 선지자에게 말씀하신 때가 되었습니다. 하나님은 이방 왕 고레스의 마음을 감동시키어 성전을 재건하도록 이스라엘 백성을 돌려보내게 하셨습니다. 그때 하나님의 성전이 회복되기를 기다리던 자들이 돌아왔습니다.

그들은 분명 사명자였습니다. 70년 세월 동안 어느 정도 정착된 바벨론 생활을 버리고 오직 성전을 회복하겠다는 목적으로 돌아온 사람들이었습니다. 그들은 돌아와서 정성을 다해 건축을 하기 시작했습니다. 그러나 성전의 회복은 사탄에게 매우 위험한 것이었기에 대적들이 악착같이 달려들어 성전 건축을 훼방했습니다.

대적들은 갖은 거짓말로 고소했고, 결국 바벨론 왕은 건축을 중단하는 조서를 내리게 되었습니다. 이에 이스라엘 백성은 건축을 중단해 버렸습니다. 이들이 예루살렘으로 돌아온 목적은 오직 성전 건축이었습니다. 그런데 끊임없는 사탄의 도전에 결국 털썩 주저앉아 버린 것입니다.

우리는 십자가 복음을 만나 오직 하나님 중심으로 살겠다고 고백하고 하나님 없이 무너졌던 내 삶의 성전을 다시 세우려 했습니다. 또한 잘못된 관계들을 정리하고, 대가를 지불하고 출발했습니다. 그런데 가정, 직장, 사회, 일상의 삶에서 매 순간 믿음이 요구되는 순간들 앞에 점점 지쳐 가면서, 결국은 털썩 의지가 꺾여 버리고 말았습니다. 그런데 문제는 여기서 그치지 않습니다. 주저앉게 되면, 주님이 내 삶의 전부가 되지 않는 것은 물론, 삶의 우선순위가 또다시 바뀌게 되는 것입니다.

> 이 성전이 황폐하였거늘 너희가 이때에 판벽한 집에 거주하는 것이 옳으냐 학 1:4

성전 건축이 중단되자 이스라엘 백성은 자신들이 돌아온 목적과 사명을 잊어버리고 일상의 삶을 살면서 자기 집을 꾸미기 시작했습니다. 이처럼 믿음의 여정을 걸어가다가 어느 순간 중단해 버리고, 어느 순간 타협해 버린 우리에게 주님은 너희 행위를 살피라고 말씀하십니다.

> 그러므로 이제 만군의 여호와가 이같이 말하노니 너희는 너희의 행위를 살필지니라 너희가 많이 뿌릴지라도 수확이 적으며 먹을지라도 배부르지 못하며 마실지라도 흡족하지 못하며 입어도 따뜻하지 못하며 일꾼이 삯을 받아도 그것을 구멍 뚫어진 전대에 넣음이 되느니라 학 1:5-6

그리고 주님께 드릴 시간을 다른 것으로 바꿔치기한 바쁜 우리의 삶이 어떤 만족도 주지 못할 것이라고 말씀하십니다. 한 번 빛을 받은 사람은, 한 번 주님의 사랑을 받은 사람은 다른 것으로는 절대 만족할 수 없습니다. 그렇기에 주님은 우리에게 말씀하십니다.

"다시 건축을 시작해. 원수의 방해를 받아 넘어졌던 것 알아. 괜찮아. 다시 믿음으로 출발해."

> 너희는 산에 올라가서 나무를 가져다가 성전을 건축하라 그리하면 내가 그것으로 말미암아 기뻐하고 또 영광을 얻으리라 여호와가 말하였느니라 학 1:8

여러분 심령에 중단된 성전 건축을 다시 시작하십시오. 복음을 경험했던 그날의 영광보다 더 큰 영광을 하나님이 우리에게 드러내실 것입니다.

우리에게 임할 인생 최고의 그날

사람은 누구나 생애 최고의 날을 갖고 있습니다. 그 기준은 각기 다를지라도 그날은 자신의 존재가 가장 영광스럽게 드러난 날일 것입니다.

> 하늘을 창조하여 펴시고 땅과 그 소산을 내시며 땅 위의 백성에게 호흡을 주시며 땅에 행하는 자에게 영을 주시는 하나님 여호와께서 이같이 말씀하시되 사 42:5

하나님의 첫 번째 최고의 날은 창조의 날이었을 것입니다. 광대한 우주와 하늘을 펴시고 땅의 기초를 놓으시며 땅에 모든 만물을 가득 채우신 완벽한 창조. 그리고 마지막 창조물인 인간은 그분의 모든 성품과 영광이 가득 담긴 하나님의 형상을 닮은 존재였습니다.

인간의 원형은 하나님을 기뻐하고 주님이면 충분한, 하나님 없는 삶을 상상할 수도 없는 존재로 출발했습니다. 우리가 바로 하나님의 영광 자체였던 것입니다. "보시기에 심히 좋았더라!" 우리를 바라보며 감동과 감격에 겨우셨던 하나님의 영광을 가득 담은 인간.

하지만 완전하신 하나님의 완전하신 영광을 담은 인간은 선악과로 말미암아 죄를 지음으로 하나님의 영광이 떠나게 되었습니다. 인류 최대의 비극은 그렇게 시작되었습니다. 그리고 그 죄의 결과로 인간은 태어나면서부터 하나님의 영광은커녕 죄와 허물로 죽어, 오히려 하나님을 거역하고 대적하는 존재가 되어 버렸습니다.

지옥의 뚜껑을 밟고 서 있으면서 더는 인생의 소망도 끊어진 그때에, 하나님의 두 번째 최고의 순간이 펼쳐집니다.

> 그는 허물과 죄로 죽었던 너희를 살리셨도다 엡 2:1

> 모든 사람이 죄를 범하였으매 하나님의 영광에 이르지 못하더니 롬 3:23

죄가 아니고서는 설명이 되지 않는 존재가 되어 버린 인간을 위하여 십자가에서 저주와 심판을 받으시고 "다 이루었도다!" 외치셨던 예수 그리스도의 복음이 이루어진 때. 잃었던 아들을 다시 찾은 아버지의 마음과 같이, 하나님의 영광이 떠난 인류에게 다시 하나님의 영광이 회복되는 바로 그 순간이었던 것입니다.

이 십자가의 복음이 하나님 편에서만 최고의 날일까요? 결코 그럴 수 없습니다. 예수 그리스도의 십자가로 말미암아 구원이 실제가 된 우리에게도 십자가의 복음은 우리 생애를 최고의 날로 만들기에 충분합니다.

예수 그리스도의 십자가 생명으로 회복된 우리는 이제 마지막 인생 최고의 날만을 남겨 두고 있습니다. 주께서 우리 눈의 눈물을 씻기시고, 악과 사탄을 마지막으로 심판하시며, 신랑으로 다시 오실 그날. 믿으면 영광을 보리라고 말씀하신 대로 우리는 주님 앞에 분명한 태도로 서야 할 것입니다.

주님을 삶의 전부로 택했습니까? 그렇다면 더는 다른 것을 택할 손이 남아 있지 않습니다. 나를 감동시킬 때까지 버티려는 생각은 버리십시오. 아예 마음의 태도를 지금부터 정하십시오. 이미 자신이 알고 있는 부정한 관계, 더러운 짓, 악독한 것 등의 모든 것을 십자가에 내어 던지고 주의 은혜 가운데로 나아가십시오.

벧엘로 올라가십시오!
십자가로 나아가십시오!

"저는 나그네 길 같은 인생, 험악한 세월을 보냈습니다." 하늘의 복을 사모했으나 땅을 딛고 사는 자였고, 열방의 복의 근원으로 크나큰 부르심을 받았으나 질그릇같이 유약한 육신을 입은 자였던 야곱…. 그런 야곱이기에 위기일 수밖에 없는 그의 삶에는 영혼의 닻처럼, 불도장(인)처럼 새겨진 하나님의 표식(sign)이 있었습니다.

벧엘, 그곳은 야곱의 영혼에 나침반 같은 지명(地名) 이상의 장소입니다. 위기와 혼돈의 순간마다 그곳을 건드리면, 방향이 잡히고 어느 누구도 줄 수 없는 위로와 용기가 생기고 잡념이 사라지며 새로운 믿음이 솟아납니다. 순례의 여정 중에 만난 큰 위기의 때에 하나님은 야곱에게 표식을 보여 주셨습니다. "나는 벧엘의 하나님이다. 너는 일어나 벧엘로 올라가라!"

하나님은 그가 태어나기 전에 "큰 자가 작은 자를 섬기리라"고 말씀하셨습니다. 그러나 육정을 거스르는, 오직 하나님에게서 난 이 부르심은 저항을 받을 수밖에 없었습니다. 늙은 아버지 이삭의 혼돈과 고집, 형에서의 살기(殺氣)에 찬 위협…. 어머니 리브가와 함께 지내던 야곱에게 있어 최선은 아버지와 형을 속이는 길밖에 없어 보였습니다.

결국 이 일은 기약할 수 없는 도망자의 길로 그를 내몰았고, 누군가의 보호와 어떠한 보장도 없는 여정으로 들어서게 했습니다. 그가 만난 일생일대의 '위기'였던 것입니다. 하늘 아래와 땅 위에 오직 무력한 자로 홀로 남은 그때, 약속에서 멀어져 버린 절망의 땅에서 아무것도 기대할 수 없는 운명에 내던져진 바로 그때에 하늘이 열리며 살아 계신 하나님이 나타나셨습니다. 그러고는 조상의 하나님이 바로 너의 하나님이라고, 그 약속을 반드시 내(하나님)가 성취하겠다고, 너와 영원히 함께하겠다고 말씀하셨습니다.

절망을 소망으로, 두려움을 확신으로 바꾸어 주신 것입니다. 다른 이들에게는 '루스'라고 불리던 그 땅이 야곱에게는 벧엘이 되었습니다. 그는 제단을 쌓고 기름을 부은 후 서원했습니다. 운명적 위기는 운명적 결단을 하게 했습니다. "오직 하나님만이 주가 되실 것입니다!"

시간이 흘러, 신앙결혼을 하겠다고 지켜 온 야곱의 순절은 외삼촌이자 장인이 된 라반의 세속적 기만행위로 무참히 깨어졌습니다. 야곱의 삶은 네 명의 부인과 함께하는 혼돈 속으로 빠져들었습니다. 라반의 탐심의 울타리는 수용소의 철조망보다 견고해 보였고, 무법한 그의 계략으로 귀향길은 까마득한 꿈이 되었습니다.

밤낮 없는 수고로도 보상받지 못한 20년의 노력은 하나님의 기적적인 개입으로 보상받을 수 있게 되었습니다. 그러나 그 일이 화근이 되어 이제는 더 머무를 수도, 평화적으로 떠날 수도 없는 진퇴양난의 위기를 맞고 말았습니다. 야곱을 둘러싼 모든 상황이 '위기' 자체였습니다. 그가 할 수 있는 것이 아무것도 없을 때, 밤에 하나님이 나타나셨습니다. "벧엘로 올라가라!" 벧엘로 가는 일은 위협적이었으나 결코 누구도 손 댈 수 없는 하나님의 길이었습니다.

벧엘에 가까이 왔으나, 우선 안주한 곳 '세겜'은 그의 가족들의 신앙 모습과 흡사했습니다. 딸 디나의 분별없는 호기심은 강간 사건의 빌미가 되었고, 오라비인 시므온과 레위의 거짓과 잔혹한 보복 행위는 세상의 어떤 악함보다 전혀 모자람이 없는 A급 범죄였습니다.

"소금이 만일 그 맛을 잃으면 무엇으로 짜게 하리요"(마 5:13). 이는 하늘의 부르심을 소유한 거룩한 공동체의 내적 위기를 보여 준 사건이었습니다. 세속과 구별되지 않은 이름만 남은 야곱 공동체에는 잡다한 우상들이 숨겨져 있었습니다. 그곳은 육적 소욕들이 여과 없이 드러나는 세상 그 자체였습니다. 절체절명의 위기 앞에 선 야곱. 그런 그에게 하나님이 나타나십니다. "벧엘로 올라가라!"

드디어 이르게 된 벧엘에서 야곱은 30여 년 전에 드렸던 서원을 따라 단을 쌓고 여호와의 이름을 부릅니다. 그러자 하나님은 야곱을 이스라엘로, 도망자를 복의 근원으로 세우십니다. 이스라엘이 된 야곱! 그에게는 '벧엘의 하나님'이 계십니다.

여러분에게 하나님은 어떤 표식을 주셨습니까? 하늘의 부르심을 받고 이 땅에서 나그네로 사는 자, 복의 근원으로 직임 받은 질그릇에 거하는 자, '그날'을 바라보며 결코 멈출 수 없는 순례의 길을 가는 자에게 이 세상은 위기의 여정이 아닐 수 없습니다. 세상의 저항을 받을 수밖에 없는 운명적 위기가 존재하는 것입니다.

> 아무든지 나를 따라오려거든 자기를 부인하고 날마다 제 십자가를 지고 나를 따를 것이니라 눅 9:23

> 그때에 육체를 따라 난 자가 성령을 따라 난 자를 박해한 것 같이 이제도 그러하도다 갈 4:29

이 땅에 속하지 않은 하늘의 순례자를 가만두지 않으려는 외적 위기가 끊이지 않습니다. 그리스도 예수께 속한 자의 유업을 빼앗으려는 사탄의 권세가 그들을 둘러 진 치고 위협하며 미워하고 핍박합니다.

> 세상이 너희를 미워하면…사람들이 나(예수 그리스도)를 박해하였은즉 너희도 박해할 것이요 요 15:18, 20

그러나 무엇보다 심각한 위기는 내적 위기입니다. 사자와 곰을 피한 후에 제집에서 뱀에게 물려 죽은 사람과 같이(암 5:19), 적당한 타협을 가장한 세속의 더러운 가치가 거룩한 그리스도의 몸인 교회를 허뭅니다. 때로는 영적인 모습으로 때로는 인간 중심의 합리주의로 나타나, 사데 교회와 같은 위기로 교회와 공동체를 위협합니다.

아슬아슬해 보이는 광야 노정의 위기는 완전하신 하나님, 전능자의 그늘 아래 피한 자만이 승리할 수 있습니다. 어떤 위기에서든 영혼의 닻처럼 그곳만 건드리면 방향이 잡히고 위로와 용기가 솟구치며 새로운 믿음이 약동하는 '벧엘의 하나님'의 표식을 가진 사람 말입니다.

바울은 이렇게 외칩니다. "그러나 내게는 우리 주 예수 그리스도의 십자가 외에 결코 자랑할 것이 없으니"(갈 6:14). 오직 십자가면 충분합니다. 갈보리 그리스도의 십자가만 건드리면 혼돈은 확신으로, 위기는 승리로 바뀝니다. 벧엘로 올라가십시오! 십자가로 나아가십시오!

언제 진정한 울음을 경험해 보셨습니까?

인생의 화려한 꽃을 '웃음'이라고 한다면, 인생의 진실한 열매는 '울음'이라고 할 수 있습니다. 태어날 때 울음으로 시작해서 울음 속에 떠나는 게 인생입니다. 울음은 우리에게 떼려야 뗄 수 없는 것입니다. 또한 깊이 건드려지지 않으면 나오지 않는 것이 울음입니다.

인생을 진지하게 살아 본 적이 없는 사람은 표피적인 사람이라 할 수 있습니다. 요즘은 인생을 스쳐 지나가듯 살아가는 사람이 많습니다. 평생 두려움에 종노릇하면서 자기만족을 위해 감각적인 것만을 추구하며 사는 것입니다. 그러한 삶을 선택하면, 자기의 깊은 내면은 들여다보지도 못한 채 끝이 납니다. 배부른 영혼은 결코 자신의 깊은 내면을 들여다볼 수 없습니다. 물론 이를 부추기는 사회구조 속에서 스스로 자신의 내면을 보기란 쉬운 일이 아닙니다.

여러분은 언제 진정한 울음을 경험해 보셨습니까? 언제 내면의 깊은 곳이 건드려졌습니까? 주님을 만난 후 깊은 울음이 터져 나온 때는 언제입니까? 스스로 눈물이 없다고 말하는 사람일지라도 자기 마음이 머무는 곳이 건드려지면 울음이 납니다.

에스겔서 9장 3-6절에서 에스겔은 유다 멸망의 때에 예루살렘 성전에서 일어나는 죄악을 보게 됩니다. '이 백성에게 너무하신 것 아닙니까' 라고 그는 생각했습니다. 그런 그에게 하나님은 이 백성이 어떻게 하나님께 반역을 저지르고 악에 악을 범했는지 환상을 통해 보여 주셨습니다. 에스겔은 끝까지 은혜를 거역한 그들의 죄악을 보게 됩니다. 그리고 아무 말도 할 수 없었습니다. 그때 하나님은 에스겔에게 또 다른 환상을 보여 주십니다. 그것은 심판을 집행할 여섯 사람과 그들이 사용할 무서운 저주의 기계였습니다. 그리고 하나님은 심판을 집행할 것에 대해 말씀하셨습니다.

그런데 그 일이 있기 전에 하나님은 스랍 중 하나를 부르십니다. 그리고 심판 받을 수많은 무리 가운데 애통하며 통곡하는 심령을 가진 자들을 찾아 이마에 표하라는 명령을 내리십니다. 애통하며 우는 자, 하나님을 반역하며 악으로 달려가는 이들을 멈출 수 없다는 무력함에 통곡하는 자들을 지켜보고 기억하셨던 것입니다. 이들을 다 표하기 전까지는 심판을 시작할 수 없었습니다. 자신에 대한 울음이 아닌, 이 시대를 향한 하나님의 아픔을 가지고 애통해하던 자들은 하나님의 마음을 감동케 했고, 비상의 때에 하나님의 마음을 사로잡았습니다. 또 그 울음은 심판의 키(key)이기도 했습니다.

그렇다면 이들은 무엇 때문에 울었을까요? 첫째는 자신 때문에 하나님의 이름이 모독 받음으로 울었습니다. "기록된 바와 같이 하나님의 이름이 너희 때문에 이방인 중에서 모독을 받는도다"(롬 2:24). 스스로 세상에서 구별된 자라 했으나 믿음을 잘못 적용하고, 어느덧 세상과 닮아져 버린 자신의 불경건 때문에 애통해했습니다. '이 정도면 됐지'라고 만족할 수 없었던 자들, 하나님의 영광을 향해 걷다가 거꾸로 쳐 박혀도 다시 믿음의 걸음을 걸었던 자들입니다. 그들은 주님을 더욱 닮기 원했고, 주님을 사모하는 애통함이 있었습니다.

둘째는 하나님의 공의와 통치가 임하지 않음으로 애통해했습니다. 불의가 활개치는 세상을 바라보며 하나님의 다스림이 임하기를 간절히 구하며 애통해했던 것입니다.

셋째는 제사장의 눈물이었습니다. 그들은 우는 자들로 함께 울라는 말씀을 따라, 즐거워하는 자들과 함께 즐거워하고 우는 자들과 함께 울었습니다(롬 12:15). 이들은 연약했지만 제사장의 옷을 입고 하나님의 성소 앞으로 나아가 하나님의 백성을 대신해 하나님께 용서와 사죄를 구했습니다. 이는 대제사장 되신 예수 그리스도의 모습입니다.

예레미야 역시 고통과 좌절, 죽음을 맞이하는 이들을 향한 안타까움으로 눈물이 마르지 않아 눈이 상하기까지 했던 애통하는 자였습니다. 마지막 때에 주님께 마음이 가 있는 사람들을 얼마나 소중하게 여기시는지, 놀랍게도 주님은 모든 죄인을 심판할 때에 애통하는 자들을 특별한 소유 삼아 은총을 베푸셨습니다.

어떤 사람이 애통해할까요? 하나님을 사랑하는 자가 애통해합니다. 주님과 하나 되었다는 말은, 그분의 슬픔과 애통에도 하나 되었다는 것을 의미합니다. 주님이 부르시면 차마 발걸음을 돌릴 수 없는 사람, 그런 사람들을 통해 하나님은 그분의 뜻을 이루어 가십니다. 왜 이마에 표를 하라고 했을까요? 이것은 구원의 확실한 표식으로, 바로 주님의 소유라는 의미입니다. 누구도 빼앗을 수 없는 하나님의 소유 된 백성에게 그분의 애통함을 부어 주시는 하나님은 그들을 통해 마지막 때에 그분의 역사를 이루어 가실 것입니다.

사랑은 죽음같이 강하고…

사랑은 죽음같이 강하고 질투는 스올같이 잔인하며 불길같이 일어나니 그 기세가 여호와의 불과 같으니라 아 8:6

누가 죽음의 부름에 응답하지 않을 수 있겠습니까! 무엇이 여호와의 불에 살라지지 않을 수 있겠습니까! 하물며 십자가의 위대한 사랑의 도전을 피하거나 견뎌낼 것은 아무것도 없습니다.

많은 물도 이 사랑을 끄지 못하겠고 홍수라도 삼키지 못하나니 아 8:7

홍수는 하나님의 심판의 도구였고, 누구도 그 홍수를 대항할 수 없었습니다(창 6:17). 그러나 홍수를 이기는 것이 있으니, 바로 사랑입니다. 주님의 사랑은 우리로 하여금 죄와 사망의 권세도 이기게 하셨습니다. 이

긍휼이 심판을 이기고 자랑합니다(약 2:13). 사랑은 모든 것을 참고 모든 것을 믿고 모든 것을 바라며 모든 것을 견딥니다. 항상 있을 영원한 것 중에 제일은 사랑입니다!(고전 13장)

신부된 교회를 향한 주님의 사랑은 아무도 멈출 수 없습니다. 그 완전하고 영원하며 불같은 열정의 사랑은 깊은 물이나 이글거리는 불꽃, 우리를 둘러싼 불가능의 산악, 절망의 바다 등 그 무엇도 결코 멈추게 할 수 없습니다.

탯줄도 자르지 못한 채 버려진 피투성이라도(겔 16:6), 벌거벗겨 내버려진 수치스런 창녀라도(호 11:8), 땅 끝으로 내몰려 잊힌 자라도(사 43:1-6), 흑암의 세력이 둘러 진치고 있는 소망 없는 노예일지라도(시 124:7) 주님은 그를 향해 말씀하십니다. "내가 내 영광을 위해 창조한 자, 나의 사랑하는 신부를 오게 하라. 내가 그를 지었고 만들었느니라!"(사 43:7)

십자가에서 이 사랑을 만난 신부의 고백을 들어보십시오.

> 나는 내 사랑하는 자에게 속하였도다 그가 나를 사모하는구나 내 사랑하는 자야 우리가 함께 들로 가서 동네에서 유숙하자 우리가 일찍이 일어나서 포도원으로 가서 포도 움이 돋았는지, 꽃술이 퍼졌는지, 석류꽃이 피었는지 보자 거기에서 내가 내 사랑을 네게 주리라 아 7:10-12

"나는 사랑하는 주님께 속했습니다. 나는 이제 없습니다. 오직 당신뿐입니다. 주님의 생각은 내 생각이며, 주님의 소원은 내 소원이고, 주님의 열정이 내 열정입니다. 주님이 불같은 십자가로 확증해 주신 그 사랑으로 나를 사모하시는 것을 이제 압니다. 내 영혼이 즐거이 주를 따르겠습니다. 주님이 나와 함께 그토록 있기 원하시는 들로, 동네로 가서 유숙하겠습니다. 하나님이 이처럼 사랑하신 슬픈 세상에서 포도 움이 돋았는지, 꽃술이 퍼졌는지, 석류꽃이 피었는지 살피며 생명(아무리 작고, 더딘 움직임이라도)을 살리는 그 일로 나의 사랑을 주께 드리겠습니다. 내게 있는 모든 것으로, 조건 없는 순결한 열정의 사랑으로 섬기겠습니다."

> 우리의 문 앞에는 여러 가지 귀한 열매가 새 것, 묵은 것으로 마련되었구나 내가 내 사랑하는 자 너를 위하여 쌓아 둔 것이로다 아 7:13

"내 사랑하는 주님을 위해 때를 기다리며 준비해 둔 것(시간, 소유, 능력, 관계 등)을 오직 주님을 위해, 주님이 사랑하신 세상과 이웃과 형제들을 위해 기꺼이 바치며 목숨 건 사랑으로 섬기겠습니다. 누구도 막을 수 없는 그 능력과 그 승리의 사랑으로!"

약속의 땅은 용감한 사람들에게 열려 있습니다

모세가 죽고 출애굽의 한 세대가 지나갔습니다. 광야 40년의 교훈은 단순하고 명확했습니다. 뒤돌아 갈 길은 없었습니다. 하나님을 믿는 절대 믿음 외에는 살 수도, 나갈 길도 없는 것입니다. 모세의 뒤를 이은 여호수아는 모세와 같은 영웅이 아니었습니다. 하지만 그는 경험도 없는 광야 세대와 함께 요단강을 건너 약속의 땅으로 들어가야 했습니다.

지금까지의 실패 경험과 이스라엘의 빈약함, 건너편 가나안의 견고함이 여호수아의 의지를 흔들고 발을 뗄 수 없게 만듭니다. 그러나 그때 여호수아에게 하나님의 명령이 떨어집니다. "마음을 강하게 하라, 극히 담대하라, 두려워 말며 놀라지 말라!"

포기하고 눈을 감아 버리고 싶은 순간, 우리 영혼에 불을 댕기고 두려움의 허상을 깨뜨리며 가슴 벅차오르는 용기로 적진을 향해 달려가도록 만드는 하나님의 진리의 음성이 들려옵니다. "너의 평생에 너를 능히 당할 자 없으리니, 내가 모세와 함께 있었던 것과 같이 너와 함께 있을 것이다. 평생에 너를 떠나지 않고 버리지 않을 것이다. 하나님의 율법을 묵상하여 오직 그 가운데 기록한 대로 지켜 행하라. 그리하면 네 길이 평탄하게 될 것이다."

약속의 땅은 용감한 사람들에게 열려 있습니다.

> 우리가 하나님을 의지하고 용감하게 행하리니 그는 우리의 대적을 밟으실 이심이로다 시 60:12

세상과 대적이 감당할 수 없는 용감한 사람은 바로 십자가 복음이 만든 사람입니다. 용사의 사자후를 들어 보십시오!

"나? 예수가 전부요. 예수님 없는 '나'는 없소. 더 할 말도 더 꾸밀 것도 내겐 없소. 자랑할 것도 낙심할 것도 없소. 설명할 것도 변론할 것도 없소. 십자가! 그것만이 내 영광이요. 잘난 것도 못난 것도 내게는 아무런 의미가 없소. 비난도 칭찬도 아무것 아니요. 얻음도 버림도 상관없소. 사는 것도 죽는 것도 차이 없소. 십자가가 내 시작이며 내 의미요. 더는 목마르지 않소. 두렵지도 않소. 갈등하지도 않소. 더 고집할 게 뭐 있겠소. 그 누구, 그 무엇도 예수님과 나를 떼어 놓을 수 없소. 이미 한 몸이고 한 운명인걸!

예수! 예수님이면 충분하오. 그분 안에 내가 갈망하던 모든 것이 다 있소. 예수님 외에 그 무엇도 내겐 필요 없소. 가져가시오, 뺏어 보시오. 흔들어도 보시오. 비웃어도 보고 모든 이 앞에 바보로 세우고…. 그러면 당신은 보잘것없는 깨진 질그릇을 보고 의기양양해질 거요. 그러나 당신의 우쭐해진 기분이 가라앉을 무렵, 깨진 질그릇 안에 보배 되신 예수 그리스도가 계심을 보게 될 것이며, 그때 입을 다물기란 쉽지 않을 거요. 그때 당신은 내게는 예수님밖에 없다는 것을, 또한 예수님이면 충분했다는 것을 똑똑히 보게 될 거요. 분명 보고 말 거요!"

주님만으로 충분합니다

동상이몽(同床異夢)이란 말이 있습니다. 한 침대를 쓰고 있으나 마음이 서로 다르다는 뜻입니다. 비극입니다. 함께한다는 것은 물리적인 동행을 넘어 마음이 하나 되는 것입니다. 인간관계에서 촌수가 없을 정도로 가까운 관계가 부부입니다. 그런데 그 부부의 마음이 하나 될 수 없다면 이는 불행 중 불행입니다. 왜 하나 될 수가 없습니까? 마음으로 하나 되어 사랑할 수 없기 때문입니다. 관계의 핵심인 마음의 공유가 빠진 채 한 몸이 될 수는 없는 법입니다.

사회적 존재인 인간에게 하나님을 섬기는 신앙생활이 어려운 이유가 있습니다. 보이지 않는 하나님과의 관계보다 보이는 세상 사람들과의 관계가 더 중요하기 때문입니다. 인간은 홀로되는 것을 가장 두려워합니다. 우울증에 걸리는 것도, 자살하는 것도, 모두 관계의 깨어짐에서 비롯되는 것입니다.

인생을 살면서 하나님과 관계를 갖게 되는 것은 특별한 은혜입니다.

그런데 혹시 하나님과의 관계가 의합(意合)지 못한 채 동행하는 부부처럼 의무적이지는 않습니까? 교적부에는 이름이 등록되어 있어서 열심히 예배드리고 봉사하지만, 과연 그 가운데 기쁨이 있습니까? 하나님과의 교제가 감격적입니까? 살았다 하나 실상은 죽은, 생명력 전혀 없는 종교 행위가 지금 내 신앙의 실체는 아닙니까?

이 세상에는 많은 종교가 있습니다. 그러나 기독교는 그저 그런 종교 따위로 단순하게 분류될 수 없습니다. 하나님은 살아 계신 분이기에, 그 분과 생명의 관계를 맺고 살아 있는 신앙을 갖는 것이 바로 기독교의 핵심입니다.

신앙생활은 억지로 의무감에 쥐어짜면서 맺어지는 그런 관계가 아닙니다. 절로 믿어지는 것입니다. 그 누구도 말리지 못하는 관계, 이것이 '살아 계신 하나님과 나'의 관계를 설명하는 기독교 신앙의 본질입니다. 시편 기자는 이렇게 고백합니다. "나의 힘이신 여호와여 내가 주를 사랑하나이다"(시 18:1). 주님만이 나의 힘의 원천입니다.

사랑하는 대상을 위해 무엇을 한다는 것, 그 자체가 기쁨입니다. 결코 어려움이 될 수 없습니다. 오히려 사랑하는 이를 위해 무엇을 할 수 있다는 사실 자체가 우리에게 힘이 됩니다.

우리를 생명력 넘치는 인생으로 만드는 힘의 근원은 무엇입니까? 살아 계신 하나님과 인격적 관계에서 하나님을 섬기는 것입니다. 흉내를 내는 신앙생활은 언젠가 바닥을 드러내게 되어 있습니다. 그러나 생명의 신앙을 가진 사람에게는 무식하거나 연약한 것이 어려움이 되지 않습니다. 왜냐하면 내가 아니라, 내 안에 살아 계신 주님이 살아가시는 신비로운 생명이기 때문입니다.

겉보기에 연약한 인생은 겁만 주면 돌아설 것처럼 보입니다. 그러나 기독교는 2천 년 동안 순교의 역사로 이어져 왔습니다. 세상은 어린 양같이 유약해 보이는 교회를 무참히 짓밟았지만 결코 사그라지지 않았고, 오히려 더욱 왕성한 부흥의 역사를 되풀이했습니다. 교회는 주님의 몸입니다. 주님은 십자가를 이긴 분이십니다.

> 내가 이 반석 위에 내 교회를 세우리니 음부의 권세가 이기지 못하리라 마 16:18

바람은 불을 만나면 더 거세게 타오릅니다. 명검은 불길을 만나면 더욱 단단해집니다. 우리의 신앙이 관념 속의 신이 아닌 살아 계신 생명의 하나님을 근거로 하고 있다면, 어려운 일을 만날 때 더욱 순전해지고 능력을 나타낼 것입니다.

이때 주님은 우리에게 원하는 것이 있다고 말씀하십니다.

> 나는 인애를 원하고 제사를 원하지 아니하며 번제보다 하나님을 아는 것을 원하노라 호 6:6

이것이 하나님이 우리에게 기대하시는 신앙입니다. 하나님은 우리가 주님을 전심으로 알고 사랑하기를, 주님과 마음이 하나가 되어 그리스도를 아는 데까지 나아가기를 원하십니다.

우리가 주님을 부를 수도 찾을 수도 없는 그때에 우리의 질고를 지시고 우리의 고통을 당하시며 우리의 마음을 함께 나누신 예수님. 그토록 모질게 주님을 못 박고 떠났던 우리를 끝까지 포기하지 않으신 하나님. 우리를 구원하신 그 하나님의 은혜가 지금 우리에게 임한 것입니다. 이제 주님의 사랑 고백에 이렇게 화답합시다.

"주님만으로 충분합니다."

PART 3

조건 없는 연합과 섬김

하나의 밀알이 썩어 열매 맺듯
희생과 겸손으로 하나 되다

끝이 있습니다

시작이 있으면 끝이 있습니다. 그리고 한 시대의 끝은 새로운 시대의 시작과 이어져 있습니다. 태중에서의 열 달 삶의 끝은 이 땅에서의 백 년 인생과 이어져 있습니다. 그리고 이 땅에서의 백 년 인생의 끝은 영원한 삶과 이어져 있습니다. 그뿐 아니라 시작과 끝은 서로 이어져 있습니다. 봄에 무엇을 심느냐에 따라 가을에 무엇을 거둘지 정해집니다. 그래서 봄을 함부로 지낼 수가 없는 것입니다.

사정이 이렇다면, 오늘 우리의 삶이 엄숙해질 수밖에 없습니다. 영원한 운명과 지금의 삶이 딱 붙어 있기 때문입니다. 보이지 않는 영원한 미래가 지금과 딱 붙어 있는 줄 안다면, 오늘 잘 먹고 잘 사는 것이 능사가 아니라 당연히 미래의 영광과 하나님을 선택할 것입니다. 이 세상에 있으나 세상에 속하지 않고, 하늘의 행진곡에 발맞추어 나가는 삶을 살 것입니다.

그런데 어떻게 세상에 있으나 세상에 속하지 않은 삶을 살 수 있습니까? 이것은 나의 어떤 노력이나 각오로 되는 것이 아닙니다. 오직 하늘에 속한 생명을 가져야만 가능합니다.

> 예수께서 대답하여 이르시되 진실로 진실로 네게 이르노니 사람이 거듭 나지 아니하면 하나님의 나라를 볼 수 없느니라 요 3:3

죄와 허물로 죽었던 나의 육신으로는 제아무리 세상의 유혹에서 벗어나 보려고 애써도 불가능합니다. '오호라 나는 곤고한 자로다.' 이 절망을 깊이 깨달으며 나는 온전히 죽고 내 안에 살아 계신 예수 그리스도의 생명을 받을 때, 비로소 주님의 거룩한 나라에 합당한 자로 살아갈 수가 있습니다.

로마서 8장 1-4절 말씀처럼, 우리가 아무리 율법을 지키려고 해도 할 수 없었던 그것을 하나님께서 그 아들을 보내사 나의 모든 죄 값을 다 갚으시고 우리를 완벽하게 죄의 덫에서 벗어나게 하심으로 이제 성령을 따라 행하는 우리에게 율법의 요구가 이루어지는 것입니다. 바로 성령님이 우리 안에 오셔서 주님이 십자가에서 이루신 복음을 실제로 살아내게 하시는 것입니다. 그렇기에 똑같이 육신을 입고 이 세상에 살지만 하늘에 속한 사람으로 살 수 있는 것입니다.

베드로후서 3장 12절은 "하나님의 날이 임하기를 바라보고 간절히 사모하라"고 말합니다. 이 말은 수동적으로 보이지만, 원래는 그날을 앞당기라는 표현입니다. 여러분, 주님 다시 오실 날을 정말 기다리십니까? 그렇다면 어떻게 기다리고 있습니까?

이 천국 복음이 모든 민족에게 증언되기 위하여 온 세상에 전파되리니 그제야 끝이 오리라 마 24:14

주님은 이 땅에 빨리 오기 원하십니다. 하지만 세상 모든 민족에 복음이 전파되기 전에는 그날이 올 수 없다는 이 전제 때문에 오지 못하시는 것입니다. 우리는 주님이 다시 오시는 그날을 준비하며 세워 가는 주님의 역군으로 부름 받았습니다. 우리가 무릎 꿇으면 민족이 살아나고 열방의 영혼들이 돌아옵니다. 주님 다시 오실 날을 앞당기는 일은 우리의 순종 없이는 불가능합니다.

독생자를 십자가에 찢어 매달던 날, 그 길이 아니면 여러분을 구할 수 없다는 선택의 기로에서 하나님은 주저하지 않고 여러분을 선택하셨습니다. 그리고 여러분이 지금 여기에 있기까지 2천 년 기독교 역사 동안 수많은 하나님의 종을 낭비하듯이 희생시키셨습니다.

이 복음은 또 저와 여러분의 순종을 통해서 땅 끝에 이르게 될 것입니다. 주님이 다시 오실 날은 멀지 않았습니다. 새벽이슬 같은 청년들이 수 없이 일어나고 있습니다. 하나님의 신실한 사람들이 하나님께 무릎 꿇고 있습니다. 여러분도 구경꾼이 되지 말고 주님과 함께 히스토리 메이커가 되기를 주님의 이름으로 부탁드립니다.

하나님은 바다로 나아가는 실개천 같은 우리를 찾으십니다

몽골에는 끝없는 평원이 펼쳐져 있습니다. 아주 평평합니다. 그렇다 보니 그곳에는 물이 흐르지 않습니다. 유유한 강줄기는 급하지 않게 모이고, 천천히 흐르는 동안 넓은 평원에 스며들어 대지를 살립니다.

반면 똑같은 물이 계곡과 절벽을 만나면 상상할 수 없는 위력을 가진 폭포수로 변합니다. 본질은 같은 물이지만, 어디에 존재하느냐에 따라 제각각 다른 모습으로 나타나는 것입니다. 주님은 이 땅에 하나님 나라가 임하는 것과 부흥의 비전에 관해 말씀하실 때 종종 물에 대한 비유를 사용하셨습니다.

에스겔은 완전히 끝난 이스라엘의 포로 시대를 살았던 하나님의 선지자였습니다. 택함을 받은 이스라엘이라는 민족은 약속의 땅이 아닌 먼 타국의 이방 땅에서 혈통만 근근이 이어가고 있었습니다. 화려했던 과거의 역사는 더욱 비참한 현실을 반증하고, 하나님의 백성이라는 꿈과 비전은 허상 같았습니다. 풀 한 포기 자라나지 못할 것 같은 메마른 그곳은 소망 없는 이스라엘의 모습 그 자체였습니다.

부르짖을 힘도 의지도 희망도 모두 잃어버린 민족의 현실을 바라보고 있던 에스겔에게 주님이 말씀하십니다. "인자야, 이 뼈들이 능히 살겠느냐?" 답은 단연히 불가능이었습니다. 그러나 그의 대답에는 단 하나 분명한 결론이 있었습니다. "주께서 아시나이다." 그 답을 받으신 주님이 에스겔에게 말씀하십니다. "내가 시키는 대로 대언하라. 마른 뼈다귀가 모이고 힘줄이 생기더니 하나님의 큰 군대가 되리라."

우리의 능력으로는 불가능입니다. 하지만 하나님이 하신다는 말씀은 그대로가 믿음이자 실제이며 결론입니다. 하나님이 함께하시면 다른 것은 볼 필요가 없습니다. 현실, 상황, 정황, 경험, 모든 것을 뛰어넘어 하나님 수준의 일이 이루어집니다. 절망이 소망이 되고, 반석이 물이 되고, 거친 광야가 삼림이 되는 기적은 오로지 주님이 함께하시기에 능히 가능케 되는 것입니다.

성전 문지방에서 흘러나온 물이 발목을 잠그고 무릎까지 차고 허리까지 올라와 엄청난 강물이 되었습니다. 생명이 용솟음치는 강줄기가 넓어져 바다로 흘러가자 죽은 바다가 소성케 되는 일이 하나님의 말씀으로 이루어집니다.

하나님 나라의 부흥과 선교 완성이 어떻게 가능하게 됩니까. 우리의 생각으로는 도저히 불가능합니다. 그러나 부흥은 하나님의 완전한 계획과 주권 안에 능히 실제입니다. 우리 각자는 실개천과 같지만, 그 작은 심령 안에서 일어나는 작은 일이 모이고 만나면 강줄기가 되고 도도히 흐르는 강이 됩니다. 때로는 내 작은 몸부림과 작은 씨름이, 넘어지고 다시 일어나는 수없는 믿음의 행진이 하나님 나라에 무슨 도움이 될까 하는 생각이 듭니다. 하지만 실개천은 강을 이루고 강은 바다로 흘러갑니다. 지체와 지체가 만나면, 물이 바다를 덮음같이 하나님의 영광을 인정하는 것이 온 세상에 가득하게 되는 일이 임하는 것입니다.

주님이 물처럼 쓰시는 사람들로 말미암아 그 영광이 충만케 됩니다. 주님은 우리의 마음을 임의로 인도하셔서 저수지와 같이 한 곳으로 모으셨다가 때가 차매 수문을 열어 복의 통로로 쓰십니다. 하나님은 당신의 역사를 이루어 가는 물과 같은 우리를 찾으십니다.

통로가 되기 위한 조건이 있습니다. 내 마음이 주의 손에 있어야 하는 것입니다. 주님은 온 땅을 살려내는 영광의 통로로 사용할 충성된 일꾼을 찾으십니다. 하나님의 비밀을 맡은 충성된 자, 마음이 온통 주님께 붙들리어 사람을 두려워하지 않고 자신에게도 매이지 않는 당당한 일꾼을 부르십니다.

신뢰할 것은 사람의 판단이나 나의 거리낌이 아닙니다. 붙들 것은 오직 하나님의 판단과 십자가의 결론뿐입니다. 오해와 거짓을 두려워하지 말고 당당히 나아가야 합니다. 충성스러운 군인은 자기 일에 매이지 않습니다. 물처럼 순순히 주님의 방법, 주님의 부르심, 주님의 이끄심을 따라 존재하면 되는 것입니다.

물은 어느 컵에 놓아도 그 모양대로 담깁니다. 우리는 주님이 어떤 자리를 맡기시더라도 부르신 그분을 기뻐하면 됩니다. 어떤 모양, 위치, 역할에 상관없이 주님이 임의로 인도하시는 대로 부르신 자리에 물처럼 순종하며 나아가야 합니다. 담겨진 그릇에 따라, 놓인 장소에 따라 능력을 달리하며 언제든 복음이 복음 되도록 드려져야 합니다.

복음을 가진 자에게는 다른 것이 없습니다. 주님을 따르는 것 외에는 다른 결론이 없습니다. 맡겨진 일에 순종하는 충성된 사람을 통해 실개천 같은 하나님 나라의 증인들이 온 천하를 돌아 도도히 흐르는 강물이 될 것입니다. 그리고 그 물줄기는 대지를 살리고 바다를 소성케 할 것입니다. 그 하나님 나라를 주님이 친히 이루실 것입니다.

하나님 나라의 부흥은 한 사람을 통해 일어납니다

기가 막힌 혼돈의 시기인 사사 시대. 주님의 택한 백성 이스라엘은 이방 민족 미디안의 기에 눌려 숨죽이며 살고 있었습니다. 그때 주님은 한 사람을 사사로 부르셨습니다. 바로 기드온입니다. 그러나 그는 용맹함과는 거리가 먼 사람이었습니다. 그저 대적인 미디안에 겁먹어 포도주 틀에 숨어 곡식을 타작하는 초라한 모습의 주인공이었을 뿐입니다. 그런 그를 주님이 부르신 것입니다.

"큰 용사여!" 그에게는 걸맞지 않은 이름이었지만, 하나님의 계획이 일방적으로 기드온에게 임합니다. 의미 없을 법한 인생에게 하나님의 거룩한 부르심이 임한 것입니다.

내 꼴이 어떻든 상관없이 주님이 부르시는 그 이름이 곧 나의 이름이 됩니다. 주님이 우리를 "큰 용사여!"라고 부르신다면, 우리의 어떠함을 떠나 부르신 주님으로 말미암아 큰 용사인 것입니다. 주님은 "네 때가 이르렀다. 넌 큰 용사다. 넌 실패하고 작지만 나는 너를 큰 용사로 불렀다" 라고 말씀하십니다.

하나님의 영광스런 부르심이 기드온에게 임합니다. 하나님의 영광을 위해 부름 받은 것입니다. 주님의 부르심은 우리 수준이 아닙니다. 주님 수준으로 부르신 것입니다. 기드온은 하나님께 두 번의 양털 시험을 요구합니다. 주님은 기꺼이 응하시고 인내함으로 부르심을 확증해 주십니다. 하지만 여전히 두려워하는 기드온에게 3백 명의 군사를 이끌고 미디안을 치러 가는 일을 허락하셨고, 기드온은 몰래 들은 미디안 군사의 꿈 이야기를 통해 그제야 하나님이 미디안을 자기 손에 붙이셨음을 믿고 용기를 얻습니다.

하나님은 부름 받은 자가 그 부르심을 온전히 확증하기까지 그토록 힘을 들이시는 분입니다. 하나님 나라의 부흥은 부름 받은 한 사람을 통해 일어나기 때문입니다. 하나님은 부르신 사람을 반드시 부름에 합당한 자로 세우십니다. 하나님은 기드온에게 엄청난 복을 허락하시면서 하나님의 거룩한 부르심을 감당해 내는 존재로 친히 세우셨습니다.

기드온은 3백 명의 군사로 어떻게 그 대군을 물리치겠냐고 묻습니다. 주님은 '내가 너와 함께함으로' 미디안을 치고 이 부르심을 이루어 내겠다고 하십니다. 마찬가지로 우리가 무엇으로 주의 나라를 부흥케 하겠냐는 물음에 주님은 "내가 너와 함께하리라!"라고 말씀하십니다. 오직 '임마누엘'을 약속하신다는 겁니다.

이스라엘은 성전을 중심으로 존재했는데, 성전의 두 기둥인 야긴과 보아스는 '하나님이 친히 세우셨다, 여호와만이 우리의 능력이시다'라는 의미입니다. 하나님의 교회는 하나님이 친히 세우셨으며 주님이 그 능력이 되신다는 말입니다. 두 기둥, 즉 복음과 기도면 충분한 것입니다!

성전의 진정한 의미, 주님 안에 내가 있으며 내 안에 주님이 계시는 이 일은 주님이 이루셨습니다. 이것이 복음이며 가장 완전한 복입니다. 십자가의 완전한 복음으로 이 일을 가능케 하셨습니다. 하나님은 기드온에게 엄청난 복을 허락하시면서 하나님의 거룩한 부르심을 감당해 내는 존재로 친히 세우셨습니다.

신적 부름을 받은 하나님의 사람들이여, 주님의 십자가 때문에 우리의 부르심이 가능하다는 사실을 기억하십시오! 하나님이 부르셔서 하나님의 영광 한복판에 세우셨습니다. 하나님은 그분이 부르신 사람들로 하여금 그 부르심을 견고케 하시는 분입니다.

복음과 기도의 부르심을 확증하시는 주님 앞에 나아가 이 부르심이 더욱 굳어지기를 구합시다. 주님의 은혜를 힘입어 영광스런 싸움에 끝까지 믿음으로 나갑시다! 십자가가 내 것이 되었습니다. 여호와의 영광이 임했습니다! 이제 온 열방이 우리 앞으로 나올 것입니다. 어둠의 세력을 맞받아 승리의 대열 앞에 섭시다.

사랑이 결론된 사람,
두려울 것이 없는 사람

> 사랑하는 자들아 만일 우리 마음이 우리를 책망할 것이 없으면 하나님 앞에서 담대함을 얻고 무엇이든지 구하는 바를 그에게 받나니 이는 우리가 그의 계명들을 지키고 그 앞에서 기뻐하시는 것을 행함이라 요일 3:21-22

주님을 만나고 나서, 우리 마음에 책망받을 일과 두려움이 생기는 이유는 두 가지입니다.

하나는 세상이 우리를 미워하기 때문입니다. 하나님을 알기 전에 우리는 세상에 속한 사람이었습니다. 세상의 가치관이 우리와 친했고 우리의 야망과 취향에 맞았습니다. 그런데 우리가 십자가 복음을 만나고 하나님께 속한 사람이 되자, 세상이 우리를 공격하고 미워하기 시작한 것입니다.

또 하나는 복음 안에서 우리에게 주어진 명령, 즉 형제를 사랑하라는 명령이 너무 엄청나서 행하기가 어렵기 때문입니다.

> 그가 우리를 위하여 목숨을 버리셨으니 우리가 이로써 사랑을 알고 우리도 형제들을 위하여 목숨을 버리는 것이 마땅하니라 요일 3:16

주님은 우리에게 진정 하나님을 사랑한다고 고백한다면, 형제를 사랑함으로 그 사랑을 드러내라고 말씀하셨습니다. 그것도 주님이 나를 사랑하신 것처럼 말입니다.

주님은 우리 마음에 책망할 것이 없으면 담대함이 생기고 무엇이든지 구하는 바를 얻는다고 말씀하셨습니다. 그러나 나를 미워하는 세상 가운데서 살아가는 것도, 또 형제를 적극적으로 사랑하는 것도 모두 어려운 일입니다. 우리가 그리스도 안에 들어오기 전에는 오히려 세상을 사랑하고, 형제를 미워하지 않았습니까? 그런데 우리의 본성을 거슬러 세상적 가치를 미워하고, 형제를 사랑하라는 거룩한 부름을 받고 보니 마음에 부담이 생기는 것입니다. 내가 아니라 내 안에 거하는 주님이 하신다고 하면서도, 나의 죄 된 습성을 보면 위축이 되고 '내가 그렇지' 하면서 마음에 책망이 생깁니다. 그러다 보니 담대함을 잃어버리고 자신이 없어지는 것입니다.

그러면 어떻게 담대함을 얻을 수 있습니까? 주님은 우리에게 "주 안에서 담대하라"고 말씀하십니다. 그렇습니다. 세상을 미워하고 형제를 사랑하는 능력은 우리에게서 나올 수 없습니다. 그것은 철저하게 주님의 성품이며 능력입니다. 주님은 이러한 주님의 능력이 우리 안에서 가능하게 될 것을 기도에 약속해 놓으셨습니다. 하나님의 약속이 실제가 되어 우리 안에 역사하는 것, 이 열쇠가 바로 기도에 있는 것입니다.

> 하나님의 약속은 얼마든지 그리스도 안에서 예가 되니 그런즉 그로 말미암아 우리가 아멘 하여 하나님께 영광을 돌리게 되느니라 고후 1:20

하나님의 응답을 확신하고 사는 사람보다 담대한 사람은 없습니다. 하나님의 능력이 나의 능력이 되는 비결, 즉 기도 응답의 비결을 가지고 있는 사람은 이 땅 가운데서 담대함을 누리며 살 수 있습니다.

우리가 세상을 미워하고 형제를 사랑하라는 하나님의 말씀에 순종하려고 결단하는 순간, 우리에게는 그러한 능력이 없다는 것을 깨닫게 됩니다. 그럴 때 우리는 기도하지 않을 수 없음을 절실히 경험하게 됩니다. 만약 기도 없이도 살아갈 수 있다고 느낀다면 그것은 순종의 길에 아직 들어서지 않았다는 말입니다. 하나님의 말씀에 순종하기 시작하면 기도 없이는 단 한 순간 그 누구도 사랑할 수 없고 세상적 가치를 포기할 수 없음을 깨닫게 됩니다. 그리고 하나님의 뜻을 따라 하는 기도를 하나님이 반드시 응답해 주신다는 확신 가운데 담대함을 얻게 됩니다.

하나님의 응답에 대한 확신이 우리를 붙들 때, 우리는 세상이 감당치 못할 사람이 됩니다. 사랑이 결론된 사람은 두려울 것이 없습니다!

기쁨을 넘어 영광으로

사랑의 구주 예수여 내 기쁨 되시고 이제로부터 영원히 영광이 되소서

찬송가 85장

베다니 동네 나사로의 죽음은 그를 알던 사람들에게 큰 충격과 안타까움을 안겨 주었습니다. 그것은 나사로를 사랑하여 종종 방문하던 특별한 분, 예수님 때문에 더욱 그러했습니다. 그분만 있었더라면, 큰 능력으로 보지 못하는 이와 걷지 못하는 이를 고치던 그가 조금만 일찍 와 주었더라면…. 간절한 부탁을 드렸건만 결국 와 주지 않은 그분 때문에 나사로의 누이 마르다와 마리아는 그 누구보다 깊은 슬픔과 절망, 섭섭함에 휩싸였습니다.

모든 소망을 삼킨 채 굳게 닫혀 있는 무덤 문 앞에 너무 늦게 도착하신 예수님이 초라한 모습으로 서 계십니다. 둘러선 무리들의 흐느낌과 수군거림이 들립니다. "보지 못하는 이의 눈을 뜨게 한 이 사람이 나사로

는 죽지 않게 할 수 없었더냐!" 온 유대 땅을 떠들썩하게 하고 하늘의 권능과 복음으로 소망을 주던 예수님마저 죽음을 막을 수 없는 현실이 더욱 낙망케 했습니다. "그러면 그렇지…."

항상 예수님의 발 앞에 앉아 진리를 들으며 감동했던 마리아에게는 그리스도의 비밀이 더욱 공허해지며 흩어진 파편처럼 혼돈스러웠습니다. 죽음의 완벽한 승리처럼 보였습니다. 적어도 그 다음의 일이 있어나기 전까지는….

"나사로야 나오너라!" 무덤을 향해 외친 예수님의 명령 한마디가 사망 권세를 깨뜨리고, 절망의 어두움을 산산이 부서뜨리며, 모든 진리가 살아서 드러나게 했습니다. 죽었던 나사로가 살아난 것입니다. 하나님의 권능이 임한 것입니다. 이 일은 예수님이 말한 모든 진리와 주장이 사실임을 인치신 순간이 되었습니다. 그분이 행한 지금까지의 기적은 하늘의 표적임이 분명했습니다. 그분에 대한 대적들의 모함, 비방, 의심은 허망한 것이 되어 버렸습니다.

상황은 단순해졌습니다. 예수님과 그분의 모든 주장을 받아들이든지, 아니면 그분을 죽이든지…. 그 외에 다른 선택은 없었습니다. 대제사장과 바리새인들의 모의는 곧바로 예수를 죽이는 것으로 결론이 났습니다. 예수님이 예언하신 십자가의 죽음도 나사로의 부활로 말미암아 피할 수 없는 사실로 확정되었습니다.

기쁨도 잠깐, 심상치 않은 두려움의 기류가 덮여오고 있었습니다. 곧 격렬한 소용돌이가 일게 될 것입니다.

폭풍전야 같은 십자가 사건이 일어나기 며칠 전, 베다니 마을에서 부활한 나사로와 예수님을 위한 찬치가 벌어졌습니다. 사람들 모두 기쁨과 경이로움으로 흥분되어 기적에 관한 이야기를 했습니다.

그때 예기치 못한 일이 벌어졌습니다. 마리아가 모든 이들이 보는 가운데 예수님의 머리와 발에 엄청난 값의 나드 향유옥합을 깨뜨려 붓고 머리털로 그 발을 닦는 충격적인 행동을 한 것입니다. 누구도 이해할 수 없는 일이었습니다. 아니 지나친 짓이었습니다.

비난이 쏟아졌습니다. 그러나 마리아에게는 이 일이 단지 죽은 오빠를 부활로 되돌려 받은 개인적인 하나의 기적이 아니었습니다. 절망의 끝에서 부활의 기적을 경험함으로 십자가 비밀의 영광을 알게 된 기쁨이었습니다.

'주님은 지존하신 하나님의 아들이요, 영광과 존귀를 받으실 만왕의 왕이요, 십자가의 죽음으로 사망권세를 깨뜨리시고 부활의 영광을 취하실 영광의 구주이시다!' 그 영광의 믿음으로 고난을 향해 걸어가실 그분의 죽음을 위해 향유를 부은 것입니다.

예수 그리스도는 나 하나의 기쁨에 머무르실 수 없습니다. 주님은 그분의 영광에 합당한 것으로 높임을 받으셔야 합니다. 마리아는 비난에도 아랑곳하지 않고 최고의 경배를 드려 모든 이 앞에서 주께 영광을 돌렸습니다. 십자가를 선포한 것입니다.

지금 십자가의 죽음에 믿음으로 참예하고 주님이 삶에 전부가 되셔서 그분의 능력으로 살게 된 자들이 기쁨으로 믿음의 걸음을 내딛고 있습니다. 한편 내 안에 일어난 기적들에 흥분하고 그것을 지키는 일에 일희일비하며 일상에 떠밀려 더 나아가지 못하는 많은 이들도 있습니다. 하지만 이제 우리는 나 하나의 기쁨을 넘어 주의 영광으로 나아가야 합니다.

나 하나의 죽음으로 끝이 아니라 주님의 영광의 풍성함에 참예함이 온전함이며, 그분이 나의 모든 것 됨으로 끝이 아니라 내가 그분의 모든 것에 참예함이 믿음입니다. 나 하나의 한계만을 채울 복음이 아닙니다. 온 열방을 뒤덮을 영광으로 충만한 것이 복음입니다.

여러분의 옥합을 들고 십자가 앞에 나아가십시오. 깨뜨려 그 발 앞에 부으십시오. 여러분이 깨뜨려진 그곳에서 참되신 예수를 주님으로 높이십시오. 선포하십시오! 악한 세상이 사망 권세의 녹슨 칼을 휘두르며 위협할 것입니다. 비난의 독설로 가룟 유다의 혀를 사용할 것입니다.

이제 부활의 주님이 선포하십니다. "가만 두어라. 저가 내게 좋은 일을 하였느니라. 복음이 전파되는 세상 어디서나 이 여인이 행한 일을 말하여 기념하리라." 복음을 부끄러워하지 마십시오. 복음과 운명을 함께 하십시오.

교회는 살아 있는 능력의 복음 공동체

교회의 머리는 그리스도시요, 교회는 그의 몸입니다. 개인적인 영성도 중요하지만 진정한 영성은 다른 사람과 함께할 수 있어야 합니다.

가장 탁월한 영성은 연합의 영성입니다. 하나님은 우리를 각자 완전한 자로 세우실 뿐만 아니라 그리스도의 한 몸으로 완전하게 하셨습니다. 예수님은 교회를 반석 위에 세우리라 말씀하셨습니다. 이 반석은 "주는 그리스도시요 살아 계신 하나님의 아들이시니이다"(마 16:16)라는 베드로의 고백을 두고 하신 말씀입니다. 교회를 교회 되게 하는 가장 중요한 터는 바로 이 사실입니다. 예수 그리스도가 기반입니다. 교회는 그 터 위에 세워져야 합니다.

하나님은 두세 사람이 합심하여 구할 때 응답하겠다고 하셨습니다. 물론 하나님은 각자의 기도에 신실하게 응답하십니다. 하지만 정사와 권세와 어두움의 주관자인 사탄을 짓밟고, 여호와의 영광을 인정하는 것이 온 땅에 가득하게 하는 일은 오직 교회를 통해서 이루십니다.

교회는 어둠의 주관자, 공중권세 잡은 자, 사탄과 싸워야 합니다. 세상의 어떤 정부나 권세도 사탄과 싸울 수 없습니다. 오직 교회만이 역사를 쥐고 있는 배후의 음모자를 대적할 수 있습니다. 십자가에서 사탄의 머리를 깨버리신 주님의 승리를 이 세상에 적용해서, 포로 된 자를 구원하고 무너진 영역을 그리스도의 공의와 진리로 회복하는 일을 맡은 것이 교회입니다. 그런데도 교인들이 예수님을 기껏 자신의 문제 해결사로만 생각하고 있어서야 되겠습니까?

초대교회는 달랐습니다. 초대교회는 살아 있는 능력의 복음 공동체였습니다. 물론, 이 때문에 초대교회는 많은 핍박을 받았습니다. 세상은 본질적으로 교회를 대적하게 되어 있기 때문입니다. 예수 믿고 핍박당하기는커녕, 핍박당할 느낌만 와도 보따리 싸는 겁먹은 인간들을 교회라고 하지 않습니다. 초대교회 성도들은 핍박을 받을 때 두려워하지 않고 "종들로 담대히 말씀을 전하게 하옵소서. 주님의 영광을 보게 하옵소서"라고 기도했습니다. 이렇게 당당했던 초대교회의 비밀은 기도에 있었습니다. 초대교회는 복음의 능력을 알고 기도로 승부를 내는 교회였습니다.

하나님의 뜻이 하늘에서 이루어진 것처럼 땅에서도 이루어지는 천국 열쇠를 주님은 기도로 우리에게 맡겨 주셨습니다. 우리 개인의 필요를 채우는 정도의 열쇠가 아니라 하나님 나라의 비밀을 여는 열쇠요, 열방의 운명을 쥔 열쇠요, 어둠의 세력을 깨는 열쇠입니다. 교회는 이런 어마어마한 능력을 가지고 있습니다. 그러므로 전 세계 교회는 연합하여 이 땅을 정복해 가고 열방을 유업으로 찾아내야 합니다.

무척이나 신바람 나는 것은 하나님이 우리 인생을 밥이나 꾸역꾸역 먹다가 날짜 채워 죽는 게 아니라, 예수 피 값만큼 살다가 예수 피 값만큼 죽을 수 있게 해주신 것입니다. 우리의 기도에 응하여 주님이 일하십니다. 우리가 기도하지 않으면 주님이 일하실 수 없다고 하십니다.

거룩하고 위대한 이 초청, 이 명령! 몸이 부서지더라도 순종해야 합니다! 그러면 반드시 주님과 함께 영광을 보게 될 것입니다.

내 인생, 내 문제 하나 해결해 주셔도 감격할 텐데 나 같은 인생을 하나님의 동역자로 쓰셔서 이 나라와 민족과 열방을 구원하는, 하나님 나라가 이 땅에 임하게 하는 마스터키를 가진 자로 복되게 하신 주님을 찬양합니다!

말세에 고통당하는 때, 하나님만을 두려워해야 할 때

성경은 말세에 고통당하는 때가 이를 것이라고 말씀합니다(딤후 3:1). 말세가 고통스러운 이유 중 하나는 사람들이 점점 더 악해지고 인간성이 황폐해지기 때문입니다. 그러나 또 하나 우리에게 정말 고통스러운 것은, 경건의 모양은 있으나 경건의 능력은 부인하는 자들이 일어나는 것입니다. 하나님 모르는 세상 사람들이야 그렇다 치고, 적당히 타협해서 얼버무린 그리스도인들이 진실로 하나님을 경외하는 사람들을 어렵게 만드는 것입니다.

> 여호와께서 이르시되 내가 너희를 사랑하였노라 하나 너희는 이르기를 주께서 어떻게 우리를 사랑하셨나이까 하는도다 말 1:2

"주님이 나를 사랑하신다면 어떻게 이럴 수가 있어?" 그들은 이렇게 하나님께 따지듯 말합니다. 또 하나님께 드리는 순종, 헌금, 기도에 전혀 마음을 담지 않은 채 내가 쓸 것 다 쓰고 남는 것을 바칩니다. 그리고 하나님 앞에 예배드리러 나와서는 '어디 나를 한번 감동시켜 봐라' 하고 앉아 있습니다.

> 너희가 눈 먼 희생제물을 바치는 것이 어찌 악하지 아니하며 저는 것, 병든 것을 드리는 것이 어찌 악하지 아니하냐 말 1:8

그뿐 아닙니다. 이러한 자들의 불경건은 완악한 말로 하나님을 대적하는 데까지 이릅니다.

> 여호와가 이르노라 너희가 완악한 말로 나를 대적하고도 이르기를 우리가 무슨 말로 주를 대적하였나이까 하는도다 이는 너희가 말하기를 하나님을 섬기는 것이 헛되니 만군의 여호와 앞에서 그 명령을 지키며 슬프게 행하는 것이 무엇이 유익하리요 지금 우리는 교만한 자가 복되다 하며 악을 행하는 자가 번성하며 하나님을 시험하는 자가 화를 면한다 하노라 함이라 말 3:13-15

우리가 하나님의 명령을 지키며 세상과 타협하지 않고 살겠다고 하면, 다른 사람들도 아닌 믿는다고 하는 사람들이 "현실은 현실이야! 지혜롭게 해야지 무슨 고생하려고 그래. 적당하게 살아"라고 말합니다. 경건의 모양은 있으나 경건의 능력은 부인하는 이런 일들이 우리 주변에 얼마나 많은지 모릅니다.

그런데 이처럼 불경건한 자들의 세력이 득세하고 복음을 겨우 정신적 위안거리로 여기며 예수님을 문제 해결사 정도로만 생각하는 이 세대 한복판에서, 하나님을 경외하는 자들이 서로 말하는 것을 하나님이 들으셨습니다.

> 그때에 여호와를 경외하는 자들이 피차에 말하매 여호와께서 그것을 분명히 들으시고 여호와를 경외하는 자와 그 이름을 존중히 여기는 자를 위하여 여호와 앞에 있는 기념책에 기록하셨느니라 말 3:16

외롭지만 끝까지 믿음을 지키며 좁은 길로 나아가자고, 설령 이 땅에서 손해를 볼지라도 코람데오 하나님 앞에서 살자고, 우리의 삶을 통해 복음을 영화롭게 하자고 서로 격려하며 말하는 것을 하나님이 들으신 것입니다.

예배 중에 가장 아름다운 예배는 바로 이런 예배입니다. 하나님은 하나님을 경외하는 자들이 이렇게 말하는 것을 들으시고 이 모든 것을 여호와 앞에 있는 기념책에 기록해 놓으셨습니다. 또한 하나님은 그러한 자들을 하나님의 특별한 소유로 삼으시고 소중히 여겨 아끼겠다고 말씀하셨습니다.

> 만군의 여호와가 이르노라 나는 내가 정한 날에 그들을 나의 특별한 소유로 삼을 것이요 또 사람이 자기를 섬기는 아들을 아낌 같이 내가 그들을

아끼리니 말 3:17

그러므로 우리는 경외함으로 나아갑시다. 하나님만을 두려워합시다. 불의한 자들이 일어나는 이 말세의 때에 서로 격려하며 뒤로 물러서지 말아야 합니다. 복음을 영화롭게 합시다!

PART 4

선교 완성

세계 복음화 완성을 향한
하늘 아버지의 부르심에 참여하다

하나님 아버지의 절절한 마음을 아십니까?

하나님은 황무지 같았던 내 영혼에 생명을 비춰 주셔서 창세 전에 꿈꾸셨던 아름다운 모습으로 회복시키시고, 구석구석에서 하나님의 영광이 드러나도록 하셨습니다. 그리고 내 안에 이루신 놀라운 영광이 작은 내 안에 머물지 않고 온 세계, 온 열방에 하나님 나라가 임하도록 하기를 원하십니다.

> 이는 물이 바다를 덮음같이 여호와의 영광을 인정하는 것이 세상에 가득함이니라 합 2:14

우리는 왕 같은 제사장, 즉 하나님과 백성을 중재하는 선교적 소명을 가진 자들입니다.

그러나 너희는 택하신 족속이요 왕 같은 제사장들이요 거룩한 나라요 그의 소유가 된 백성이니 이는 너희를 어두운 데서 불러내어 그의 기이한 빛에 들어가게 하신 이의 아름다운 덕을 선포하게 하려 하심이라 벧전 2:9

하나님이 교회를 이 땅에 두시며 하나님의 백성에게 물질, 건강, 모든 능력과 기회를 주시는 이유는 이 땅에서 평안히 거하며 누리라는 것이 아닙니다. 하나님 나라의 부흥과 선교의 완성을 위해 우리에게 이 모든 기회를 주시는 것입니다. 거룩하신 하나님께서 죄악이 만연한 이 땅을 멸하지 않으시고 긍휼을 베푸시는 것은 우리에게 선교할 기회를 주시기 위함입니다.

요한계시록의 마지막 장에는 그러한 하나님 아버지의 마음이 잘 담겨 있습니다. 역사의 계시가 다 끝난 뒤, 이제 막 심판의 셔터가 내려오고 있을 때, 하나님은 그 셔터를 막아 놓고 이렇게 말씀하십니다.

성령과 신부가 말씀하시기를 오라 하시는도다 듣는 자도 오라 할 것이요 목마른 자도 올 것이요 또 원하는 자는 값없이 생명수를 받으라 하시더라 계 22:17

역사는 이미 24시 정각에 멈추었는데, 주님이 은혜의 때를 연장하시고 이 역사를 지금도 이어가시는 이유는 오직 한 가지입니다. 듣고 믿기만 하면 구원받을 수 있는 십자가 복음 앞에 모든 민족과 백성과 방언이 나오기를 기다리시는 것입니다.

하나님은 이 일을 위해 저와 여러분의 생명을 연장하고 계십니다. 이 거룩한 부름 앞에 우리가 서 있는 것입니다.

> 나는 시온의 의가 빛같이, 예루살렘의 구원이 횃불같이 나타나도록 시온을 위하여 잠잠하지 아니하며 예루살렘을 위하여 쉬지 아니할 것인즉
>
> 사 62:1

이것이 우리 하나님의 절절한 마음입니다. 하나님은 "열방의 잃어버린 영혼들을 내가 어찌 포기하겠느냐. 내가 지었고, 창세 전부터 내 가슴에 품었던 그들이 지옥으로 떨어지는 것을 내가 어찌 보겠느냐. 내가 어떻게 쉴 수 있겠느냐"라고 말씀하십니다.

130년 전만 해도 우리나라는 스스로 복음을 알 수 없는 미전도 종족이었습니다. 누군가 전해 줘야만, 찾아와 줘야만 복음을 알 수 있었습니다. 그런 우리나라가 얼마나 악독하게 복음을 거부하고, 얼마나 악랄하게 선교사들을 죽였는지 모릅니다. 그럼에도 저와 여러분을 향한 포기할 수 없는 하나님의 사랑이 그분의 종들의 허비하여, 이 땅으로 오게 하셨습니다. 로버트 토마스, 루비 켄드릭, 셔우드 홀과 그 가족, 언더우드 아펜젤러….

하나의 밀알이 떨어져 썩지 않으면 열매를 맺을 수 없다던 우리 주님은 2천 년 전 갈보리 언덕에서 저와 여러분의 이름을 부르며 대신 죽으셨습니다. 그리고 2천 년 역사 동안 수많은 하나님의 사람을 선교의 제물로 삼으셨습니다. 선교라는 도구가 없었다면, 그 순종이 없었다면 오

늘 여러분의 삶은 있을 수 없습니다.

우리는 모두 선교적 존재입니다. 땅 끝까지 나가든지 보내든지, 우리는 선교사 이하의 영성으로 살 수 없습니다. 우리의 기도와 물질, 우리의 온 생애, 우리의 가장 값진 것을 주님께 드리며 주님 오실 길을 예비해야 합니다.

십자가 복음을 통해서 진정으로 예수님을 만난 사람이라면 주님 가슴의 절절한 소원을 결코 외면할 수 없을 것입니다. 우리는 우리에게 필요한 예수님의 어떤 부분을 받은 것이 아니라, 예수님 전부를 받았습니다. 나는 죽고 예수님이 내 안에 전부가 되었다면, 주님의 심장을 품고 우리의 마지막 생애의 길을 달려가야 합니다. 이렇게 고백합시다.

"주님, 선교적 존재, 왕 같은 제사장으로 나의 삶을 드리겠습니다. 나의 생애를 전부 써 주시옵소서."

누구도 막을 수 없는 백성을 향한 주님의 열정

하나님의 영광이 떠난 것 같은 이스라엘의 절망의 시기, 그러나 이스라엘 백성은 그들이 처한 상황을 직시하지 못한 채 구원받을 것이라는 근거 없는 확신에 가득 차 있었습니다. 하나님은 그분의 말씀을 전하기 위해 이사야를 부르십니다.

하나님은 어느 누구도 하나님 공의의 심판에서 피할 수 없을 것이라고 말씀하십니다. 하지만 하나님의 진짜 의도는 심판이 아닌 구원의 복음을 전하는 데 있었습니다.

"우리에게 견고한 성읍이 있음이여 여호와께서 구원을 성벽과 외벽으로 삼으시리로다"(사 26:1). 아담의 범죄 이후 인간은 가장 완전하고 안전한 성인 하나님을 의지하기보다는 두려움으로부터 자신들을 지켜 줄 다른 것을 찾아 왔습니다. 그러나 어느 누구도 자신을 보호해 줄 진정한 의뢰를 만날 수 없었습니다. 그런 우리에게 주님은 이렇게 약속하셨습니다. "그날에 너희는 멋진 노래를 부르게 될 것이다. 너희에게 견고한 의뢰가 있다!"

너희는 문들을 열고 신의를 지키는 의로운 나라가 들어오게 할지어다 사 26:2

하나님 나라는 믿음과 의의 나라입니다. 창조주와 피조물 사이의 의, 즉 하나님이 우리를 끝까지 사랑하시고 그 백성은 마음과 뜻을 다하여 하나님을 사랑하는 것이 바로 하나님과 우리의 약속이었습니다. 하나님 나라에서 가장 중요한 것 가운데 하나는 바로 이 약속을 지키는 신의입니다. 하나님은 아들 예수를 통해 이 신의를 완성하십니다. 왕이 백성을 지키기 위해 목숨까지 버리는, 그리고 백성은 그 왕께 최고의 경배를 드림이 마땅한 '하나님 나라'인 것입니다.

의인의 길은 정직함이여 정직하신 주께서 의인의 첩경을 평탄하게 하시도다 사 26:7

주께서 심지가 견고한 자를 평강하고 평강하도록 지키시리니 이는 그가 주를 신뢰함이니이다 사 26:3

하나님 나라의 백성은 우직하게 진리의 대로를 향해 나아갑니다. 세상의 논리, 가치가 아니라 오직 진리로 직진하는 것입니다. 그들은 자신을 꾸미지 않고 진리 외에 다른 여지를 두지 않습니다. 세상 논리로 보면 정직하게 산다는 것은 자살 행위나 마찬가지일지 모릅니다. 우리는 '정말 십자가 복음의 가치 그대로 사는 사람이 있을까' 하는 회의가 들 만큼, 복음에 반짝 반응했다가 두려움으로 물러서는 사람들의 이야기를 자주 듣게 됩니다.

그러나 주님은 정직하게 진리만을 붙드는 자, 견고한 심지로 주님만을 신뢰하며 진리의 길을 걷는 자를 평강으로 지키며 인도하겠다고 말씀하십니다. 정직하신 하나님이 정직한 자를 지켜 주시는 나라, 곧 '하나님의 나라'입니다.

> 높은 데 거주하는 자를 낮추시며 솟은 성을 헐어 땅에 엎으시되 진토에 미치게 하셨도다 발이 그것을 밟으리니 곧 빈궁한 자의 발과 곤핍한 자의 걸음이리로다 사 26:5-6

우리의 용기를 무력하게 만드는 거친 세상 앞에 하나님의 진리는 너무도 작고 별 볼 일 없어 보일지도 모릅니다. 그러나 주님은 악의 세계를 반드시 엎으시고, 높이 솟은 성을 낮추시며, 하나님을 대항하는 사탄의 도전을 진토에 이르게 하겠다고 하십니다. 그것도 작고 초라해 보이며 빈궁하고 곤핍한 자를 통해서 말입니다. 하나님이 하시는 일을 드러내기 위해 확실히 연약한 자를 들어 사용하는 이 나라의 모형이 곧 다윗 왕국이었습니다.

아버지가 초라하게 볼 만큼 작고 연약한 자였던 다윗. 어린아이같이 주님 없으면 아무것도 할 수 없는 자. 주님은 그런 다윗을 들어 하나님 나라를 다스릴 왕으로 세우셨고, 그분의 일을 행하셨습니다. 그곳에서 하나님의 전능이 드러납니다.

> 여호와여 주의 손이 높이 들릴지라도 그들이 보지 아니하오나 백성을 위하시는 주의 열성을 보면 부끄러워할 것이라 불이 주의 대적들을 사르리이다 사 26:11

주님만을 견고한 의뢰로 삼은 자, 신의를 지키는 자, 심지가 견고한 자, 정직한 자, 겸손한 자를 통해 주님은 그분의 나라를 이루어 가십니다. 주님은 하나님의 통로가 되어 주님의 길을 걸어갈 백성을 부르시며 이렇게 말씀하십니다. "주님의 열정이 이 일을 이루실 것이라."

악의 열정이 기승을 부리고 있는 이때, 이 백성을 향한 주님의 열정을 보면 사탄도 부끄러워 떨 것입니다. 주님이 '승리의 그날'을 우리에게 허락해 주셨기 때문입니다.

이미 주님의 열정은 우리를 죄악에서 구원하셨습니다. 주님은 피 뿌린 옷을 입으시고 창녀처럼 추해져 버린 그분의 백성을 순결한 신부로 회복하셨습니다. 주님의 열정이 이 일을 이루신 것입니다. 하나님 나라를 향한, 주님의 백성을 향한 그분의 열정. 그 누구도 막을 수 없는 하나님의 열심을 바라봅시다.

하나님의 마음을 자신의 것으로 소유한 사람

하나님과 여러분의 관계는 어떻습니까? 간신히 지옥에 갈까 무서워서 하나님과 함께하는 사이라면 이 얼마나 큰 비극이겠습니까? 하나님이 우리에게 원하시는 관계는 다음과 같습니다.

> 나는 인애를 원하고 제사를 원하지 아니하며 번제보다 하나님을 아는 것을 원하노라 호 6:6

여기서 '안다'라는 말은 '체험하여' 안다는 것입니다. 즉, 그 마음을 그대로 공유한다는 말입니다. 누군가를 정말 사랑하게 될 때, 그 마음이 어떠한지 그대로 느껴지는 것을 경험했을 것입니다. 주님이 우리에게 원하시는 관계는 바로 이러한 관계입니다. 하나님이 찾으시는 사람은 하나님의 말씀에 귀 기울이는 사람입니다. 하나님이 마음 아파하시는 일에 열일 제쳐 놓고 반응하는 사람입니다.

하나님 아버지의 마음은 보잘것없어 보이는 한 영혼이라도 구원받는 것입니다. 이와 맥락을 같이 하는 말씀이 누가복음에도 있습니다.

> 내가 너희에게 이르노니 이와 같이 죄인 한 사람이 회개하면 하늘에서는 회개할 것 없는 의인 아흔아홉으로 말미암아 기뻐하는 것보다 더하리라
> 눅 15:7

이 말씀은 의인 99명으로 말미암은 기쁨이 적다는 것이 아닙니다. 그 기쁨이 아무리 크다 하더라도 당신의 빈자리가 있다면, 그 상실의 아픔을 99명의 기쁨으로 대신할 수 없다는 것입니다.

저에게는 자식이 다섯 명 있는데, 오래 전에 넷째를 잃어버렸다가 찾은 적이 있습니다. 그때는 놀라고 황당한 마음에 남은 자식이 넷 있다는 것이 조금도 위로가 되지 않았습니다. 전 인류를 다 구원했다 하더라도 사랑하는 한 명이 돌아오지 않으면, 그 하나를 잃어버린 상실의 아픔을 메울 수가 없는 분이 주님이십니다.

> 누가 주의 마음을 알아서 주를 가르치겠느냐 그러나 우리가 그리스도의 마음을 가졌느니라 고전 2:16

우리 교회가 부흥하기 위해서 전도가 필요한 것이 아닙니다. 하나님 아버지의 잃어버린 영혼을 향한 포기할 수 없는 마음 때문에 우리는 순

종해야 하는 것입니다. 많은 사람이 필요할 때만 주님을 찾고, 결정적인 순간이 닥치면 우수수 떨어져 나가 버립니다. 하지만 끝까지 남는 사람은 주님의 마음을 소유한 사람입니다. 그리고 주님의 마음을 소유한 사람이 주님의 일꾼입니다.

그 어떤 죄보다 큰 죄는 주님의 마음을 몰라 주는 것입니다. 주님을 향하여 우리의 마음을 드리지 못하는 것이 주님의 마음을 아프게 합니다. "주여! 주여!" 하면서도, 신학적인 지식을 많이 쌓았어도, 심지어 주님의 이름으로 일한다고 하면서도 주님의 마음을 공유하지 못하는 것이 주님의 마음을 아프게 합니다.

선교사는 강철 같은 심장을 가진 사람이 아닙니다. 오히려 우리보다 훨씬 감정이 예민한 사람입니다. 그래서 향수병 때문에 시달리기도 하고 많은 두려움 가운데 있기도 합니다. 하지만 그들이 선교사가 될 수 있게 하는 단 한 가지 이유는, 그 두려움보다 더 큰 주님을 향한 사랑이 있기 때문입니다.

> 이와 같이 이 작은 자 중의 하나라도 잃는 것은 하늘에 계신 너희 아버지의 뜻이 아니니라 마 18:14

하나님의 이 마음을 전부 자신의 것으로 소유한 사람, 그 사람을 통해서 하나님은 역사의 마지막을 이루어 가실 것입니다.

극히 강하고 담대하십시오

"여호와의 종 모세가 죽은 후에"(수 1:1)라는 말은 세대가 바뀌었다는 뜻입니다. 이제 모세의 역할은 끝나고, 주님이 여호수아를 통해 일하시는 시대가 되었습니다.

개인의 삶에서도 부모와 함께 살다가 떠나야 할 때가 있습니다. 그럴 때 새로운 환경을 맞게 되면 긴장과 두려움이 생깁니다. 여호수아 1장에 등장하는 여호수아 역시 두려움이 있었습니다. 그동안 의지했던 모세가 죽고 이스라엘 민족은 여전히 떠돌이로 남아 있는데 자신으로는 어떻게 할 수 없다고 느낀 것입니다.

모세가 없는 이스라엘을 그는 상상할 수도 없었습니다. 모세조차 못 들어간 곳에 가야 한다는 것, 게다가 광야에서 태어난 세대를 이끌어야 한다는 부담감은 너무도 컸을 것입니다. 그들은 이전 세대와 같은 하나님의 능력을 보지 못한 세대였습니다. 그러나 하나님의 말씀을 순종하지 않으면 어떻게 되는지는 경험한 세대였습니다. '모세도 감당 못한 이스라엘 백성을 내가 어떻게 통솔할 수 있을까? 이 악한 백성을 내가 어떻게 감당하지? 나와 모세는 다른데….'

그와 같은 고민을 하던 여호수아에게 주님은 그의 심령을 만져 주시며 "강하고 담대하라! 강하고 극히 담대하라! 두려워하지 말며 놀라지 말라!"고 말씀하십니다. 얼마나 두려움이 컸으면 그의 영혼을 일으키고 힘주기 위해 이렇게 반복하여 말씀하셨을까요? 주님은 우리가 얼마나 연약한지 아십니다. 또 우리 각자에게 꼭 맞는 말씀을 주시며 세워 주시는 분입니다. 그리고 두려워하고 놀라지 않을 근거를 분명하게 말씀해 주시는 분입니다.

하나님이 모세에게 주신 약속은 아브라함과 이삭, 조상들에게 주었던 약속을 지키겠다는 것이었습니다. 상황과 조건에 따라 달라지는 것이 아닌, 언약대로 이루시겠다는 것입니다. 여러분! 대단한 사람 모세 때문에 되는 것이 아니라 하나님의 언약 때문에 되는 것입니다. 대단한 권력 때문에 되는 것이 아니라 주님이 말씀하셨기 때문에 되는 것입니다. 하나님은 그분의 이름을 지키시는 분이고, 그분의 말씀은 천지가 두 쪽이 나도 일점일획도 땅에 떨어지지 않습니다.

하나님은 모세를 통해 일어난 일에 대해 내가 함께했기 때문이라고 말씀하십니다. 하나님은 모세와 무관하게 그분의 일을 하실 수 있습니다. 모세가 한 일을 여러분도 할 수 있을까요? 물론입니다. 주님이 모세의 출생부터 모든 과정을 함께하신 것처럼, 어떤 순간에도 모세를 떠나지 않으신 것처럼, 주님은 우리의 약함과 실수 속에서도 함께하신다고 하십니다.

하나님은 우리에게 완전한 지침을 주십니다. 고민할 것도 없이 시키는 대로 순종하기만 하면 네가 어디를 가든지 형통하리라는 것입니다. 세대를 뒤흔들었던 인간의 철학 사상과 이데올로기는 언젠가는 허망하게 무너지고 맙니다. 주님은 우리에게 좌로나 우로나 치우치지 말고 말씀대로 걸어가라고 하십니다. "주야로 말씀을 묵상하고 그 길로 가라. 그러면 평탄하리라. 인기 없고 비난 받아도 계산하지 말고 강하고 담대하라"고 하십니다.

또 하나님은 그분의 권위를 주십니다. 하나님은 사역을 맡기실 때 다음과 같은 권위를 부여해 주십니다.

> 그들이 새 노래를 불러 이르되 두루마리를 가지시고 그 인봉을 떼기에 합당하시도다 일찍이 죽임을 당하사 각 족속과 방언과 백성과 나라 가운데에서 사람들을 피로 사서 하나님께 드리시고 그들로 우리 하나님 앞에서 나라와 제사장들을 삼으셨으니 그들이 땅에서 왕 노릇 하리로다 하더라
> 계 5:9-10

때로 열방을 위해 기도하는 우리의 모습을 보면 조금 어설퍼 보이고 연약해 보입니다. 하지만 기도의 권위가 하나님의 권위임을 기억하십시오. 우리의 영성이 대단해서가 아니라, 피 값으로 사신 우리를 하나님 나라와 제사장으로 삼으시며 오직 예수 그리스도를 근거로 기도하게 하시는 것입니다. 권세는 주님에게서 옵니다. 그래서 우리는 우물쭈물 하지

않고 강하고 담대하게 일어설 수 있는 것입니다.

여호수아와 마찬가지로, 주님은 우리에게도 하나님 나라의 부흥과 선교 완성에 관한 과업을 맡기셨습니다. 그러나 "선지자들과 성도들과 및 땅 위에서 죽임을 당한 모든 자의 피가 그 성 중에서 발견되었느니라"(계 18:24)는 말씀처럼 우리는 기세를 떨치는 사탄의 나라를 자주 보게 됩니다. 이렇게 해서 언제 전 세계에 복음이 전해질 것인가 한탄이 들 때, 우리는 말씀을 통해 이기는 것에 대한 개념을 다시 보게 됩니다.

> 또 우리 형제들이 어린 양의 피와 자기들이 증언하는 말씀으로써 그를 이겼으니 그들은 죽기까지 자기들의 생명을 아끼지 아니하였도다 계 12:11

> 용이 여자에게 분노하여 돌아가서 그 여자의 남은 자손 곧 하나님의 계명을 지키며 예수의 증거를 가진 자들과 더불어 싸우려고 바다 모래 위에 서 있더라 계 12:17

예수 그리스도의 피와 증언하는 말씀으로 싸우며 순교하기까지 믿음을 지키는 모습입니다. 그것을 보고 성경은 '이겼다'고 합니다.

최후의 승리는 고난과 시련을 당해도 끝까지 믿음을 지켜내는 것에 있습니다. 상황으로 보면 진 것 같지만, 하나님은 순교의 피들을 곳곳에서 발견하게 하신 후 그때에 하나님의 심판과 구원이 이루어지는 좌표로 삼으십니다.

하나님은 지금 이 일을 급하게 진행하고 계십니다. 세계 곳곳에서 셀

수 없는 순교자들의 고난을 허락하고 계십니다. 강력한 하나님의 역사는 이 땅에 강력한 증인들을 두신 후에 그 좌표가 될 곳곳이 지정될 때 도적과 같이 임하게 될 것입니다. 사랑하는 여러분! 이제 분명하게 십자가 복음을 들고 주저 없이 나아가야 할 때입니다. 강하고 담대하게 함께 나아갑시다.

우리의 승리가 되신 주님을 바라보십시오

그리스도인에게 승리란, 한때 경험하는 것이나 가끔 받는 축복이 아닙니다. 승리는 예수 그리스도 그분 자체입니다. 그러나 새로운 일을 만날 때마다 우리는 늘 불안해합니다. 현실의 문제를 보며 마치 이상과 현실 사이에 사는 것 같이 느낍니다. 우리는 복음이 얼마나 완전한지 알고 있습니다. 그리고 높은 꿈과 이상을 믿음 안에서 갖게 되었습니다. 그러나 육체 안에 사는 우리에게 세상이 이기고 악이 이기는 것 같은 상황은 우리를 주저앉게 합니다.

마지막 남은 사도였던 요한, 바위섬으로 유배됐던 그는 현실의 상황 앞에 서 있었습니다. 그런 그에게 성령님은 눈에 보이는 실제보다 진정한 실제의 배후를 보게 하십니다. 보좌에 앉으신 만왕의 왕, 그리고 성도들이 높여 부르는 승리의 노래…. 현실을 떠나 생각할 수 없던 그에게 오직 주님만이 대주재이시며 역사의 계획이 담긴 두루마리를 가진 분이심을 보게 하십니다.

일곱 인으로 봉해진 두루마리. 그러나 누가 하나님의 뜻과 위엄이 담긴 이 두루마리를 열 수 있겠습니까. 누가 하나님의 뜻을 이 땅에 이루게 할 자격이 있는 자이겠습니까. 하나님이 보시기에 "옳다" 하시며 이 땅에 주님의 정의를 실현시킬 만한 빗나가지 않은 자격자가 보이지 않았습니다. 어떠한 천사나 영웅이라도 하나님의 수준에 합당치 않았습니다. 하늘에도 땅에도 합당한 자가 없음을 발견한 요한은 대성통곡을 하며 슬피 울게 됩니다. 하늘에는 능력과 해결이 분명히 있는데, 이 위기 가운데 있는 현실에는 하늘의 역사를 이끌고 올 자격자가 없다는 사실에 운 것입니다.

그런데 그때 장로 중에 한 명이 "울지 말아라! 이상과 현실의 간격을 이을 유일한 분, 그분이 있다!"라고 외칩니다. 완전한 자격자가 있다는 것입니다. 요한은 눈물을 씻고 "한 어린양이 서 있는데 일찍이 죽임을 당한 것 같더라"(계 5:6)라고 고백합니다. 죄 때문에 더러워진 피조만물을 구속할 진정한 자격을 갖추신 분, 하늘과 땅을 하나로 묶어 예정된 하나님의 뜻을 이루기에 합당하신 분, 바로 일찍 죽임을 당하신 어린양 예수 그리스도를 본 것입니다. 성경이 그토록 말해 오고 구약이 수없이 증명해 온 그분이 두루마리를 받으시고 심판자요 구원자가 되신 것입니다.

여러분! 미완성의 역사는 있을 수 없습니다. 반드시 그분이 이루실 것입니다. 반드시 진리는 승리할 것입니다. 이 땅에 주님의 나라가 임하고 완성될 것입니다. 승리는 보장되어 있습니다. 놀랍게도 주님이 이 역사를 우리에게 보여 주시며 울지 말라고 말씀하십니다. 이상과 현실 사이에서 고민하는 우리에게, 울 수밖에 없는 현실 앞에 선 우리에게 말입니다. 혹시 예수님을 닮고 싶은데 닮을 수 없는 자신 때문에 울어 본 적이 있으십니까? 복음은 알겠는데 살아지지 않아서 울어 본 적이 있으십니까? 주님은 우리에게 예수 그리스도를 보여 주시며 승리할 것을 말씀하십니다.

미국의 한 교회에서 만든 동영상을 통해 〈마리아 너는 아느냐〉라는 곡을 들은 적이 있습니다. 현실과 보이지 않는 실재 사이에 자신을 어디에 두어야 할지 혼란스러웠을 마리아를 생각하게 했습니다. 구주이면서도 아들인 예수님을 믿는 일이 얼마나 어려웠을지 마리아가 겪었을 그 혼돈, 마리아가 써야 했을 믿음에 대해 생각하게 했습니다. 인간으로서 감당하기 어려운 격동, 예수를 낳자마자 겪어야 할 혼란, 또한 아들에 대한 애절한 모정…. 그것을 넘는 구세주로의 믿음이 마리아에게 필요했을 것입니다.

우리도 마찬가지입니다. 주님이 꼭 우리에게 물으시는 것 같습니다. '너는 아느냐. 네 안에 있는, 너와 함께 숨쉬는, 너와 함께 살고 계시는 그 분이 누구인지 아느냐. 울며 털썩 주저앉던 요한을 눈에 보이는 현실에 침몰되지 않고 영광의 증인이자 승리자로 서게 하신 분을 너는 아느냐.'

믿음의 주요 또 온전하게 하시는 이인 예수를 바라보자 히 12:2

우리가 자주 하는 실수는, 여전히 승리를 자신의 어떠함에서 찾으려 하는 것입니다. 주님이 부활하셨음에도 무덤에서 예수님을 찾으려 했던 제자들을 책망하시듯, 주님은 우리를 책망하십니다. “산 자를 어찌 죽은 자 가운데서 찾으려 하느냐!”

여러분, 예수 그리스도를 어디서 찾으십니까. 우리는 산 자를 어디서 찾으려 합니까. 승리는 바로 내 안에 살아 계신 주님이십니다. 나의 어떠함에 눈길을 돌리는 순간, 승리의 근거를 우리 자신에게 둘 수밖에 없게 됩니다.

십자가에 못 박혔다는 말은 무엇입니까. 못 박힌 사람은 한 방향만 보게 됩니다. 죽은 자는 뒤를 돌아보는 일이 끝난 자입니다. 오직 부르심의 푯대, 주님만을 바라보는 자입니다. 옛 자아의 습성과 자기연민으로 뒤를 돌아보는 자, 쟁기를 붙잡고 뒤를 돌아보는 자는 하나님 나라에 합당치 않습니다. 기억해야 합니다. 흔들리는 나를 보고 사탄이 참소할 때마다 정신을 차리십시오. 우리는 주님이 이끌어 가시는 역사의 진리, 그 끝을 바라봐야 합니다. 주님의 계획이 성취될 것을 바라보며 우리의 승리 자체가 되신 그분을 바라보십시오.

우리는 이제 이상과 현실 사이를 완전히 종결하시며 심판과 구원을 완전히 이루신 주님으로 말미암아 담대히 외치게 되었습니다. 모든 영역 안에 주님의 십자가를 높이 들게 되었습니다. 저항이 강하면 강할수록 주님의 승리는 더욱 강하게 임할 것입니다.

우리가 이제 각 영역으로 다시 돌아가게 된다면 우리는 이전의 우리가 아닙니다. 모세가 주의 보내심을 따라 애굽으로 돌아갈 때 더는 이전의 모세가 아니었던 것처럼, 우리 또한 이전의 우리가 아닙니다. 이전의 모습을 기억하지 마십시오. 이제 우리가 세상 한복판으로 나아가는 것은 우리를 피로 사서 제사장 삼으신 그 권세로 나아가는 것입니다. 승리하신 주님이 우리 안에서 왕 노릇 하실 것입니다.

여러분, 오늘 당장 그분이 가라 하시는 곳으로 전쟁하러 나아갑시다. 주님의 영광을 볼 것입니다. 미래는 우리의 날입니다. 승리는 우리의 것입니다! 모든 열방은 주님이 허락하신 우리의 땅입니다. 이제 함께 나아갑시다.

주를 사랑하는 당신,
그날이 있습니다

만일 그리스도 안에서 우리가 바라는 것이 다만 이 세상의 삶뿐이면 모든 사람 가운데 우리가 더욱 불쌍한 자이리라 고전 15:19

범사에 기한이 있고 천하 만사가 다 때가 있나니 전 3:1

내가 진실로 속히 오리라 하시거늘 아멘 주 예수여 오시옵소서 계 22:20

눈에 보이는 모든 것이 변하고 의지하지 못할 것들이 삐거덕거립니다. 해 아래 새것 없는 일상들이 덧없이 지나갑니다. 막연한 봄날의 희망도, 천지를 뒤덮을 것처럼 기세 충만하던 여름의 열정도, 가을날 결실의 위로도 세상의 풍조처럼 흔들흔들 변해갑니다. 이제 보이지 않는 진정한 실제 '영원'이 더욱 새로워지는 때입니다.

그리스도의 십자가 안에서 영원히 이루어진 '그날'이 있습니다. 참된 쉼이 없는 인생의 여정에 마침표를 찍고 진정한 안식을 얻게 된 그날. 죄의 덫과 무거운 멍에를 벗어 버린 참 자유의 그날. 마르지 않는 눈물과 슬픔의 옷을 벗고 기쁨의 화관을 쓰게 된 그날. 죽음의 권세가 깨어지고 부활의 새 생명을 얻게 된 그날.

이제 반드시 이루어질 그날이 있습니다. 비천함과 분함의 세월이 끝나고 찬란한 영광을 맞이하게 될 그날. 악과 불의가 심판을 받고 정의가 승리하는 그날. 하나님 나라의 부흥과 선교 완성의 그날. 신랑 되신 예수 그리스도께서 신부된 교회를 맞이하러 오시는 재림의 그날. 여호와의 영광이 온 땅에 충만하고 나라와 백성과 방언이 그분 앞에 찬양과 경배를 드리는 그날. 그날이 있기에 오늘이 의미가 있고 아름다울 수 있습니다.

이제는 결코 내일 없는 인생처럼 허랑방탕할 수 없습니다. 영원할 수 없는 것들에게 마음을 빼앗겨 허탄한 짓을 할 수 없습니다. 하나님의 임재보다 인간 편의 감동에, 주님의 인정보다 사람의 평판에, 천국보다 이 생의 자랑과 정욕에 넋을 잃고 표류할 수 없는 것입니다. 불의한 종처럼 악하고 게으른 채로, 경건의 지식은 있으나 경건의 능력은 부인하는 열매 없는 나무로 살아갈 수 없습니다.

결국은 없어질 보이는 것들에 울고 웃고 낙망할 수 없습니다. 이미 죽은 병든 자아를 묵상하며 버리지 못하는 미련에 세월을 탕진할 수는 없습니다. 나 하나의 작은 기쁨에 만족하며 안일할 수 없습니다.

영원한 영광의 그날, 그 꿈에 사로잡히면 힘든 줄 모릅니다. 넘어져도 다시 일어납니다. 비난과 조롱은 신경 안 씁니다. 아깝지 않습니다. 끝까지 갑니다. 기쁨을 넘어 영광으로!

원수 마귀가 미혹의 안개로, 혼잡한 소음으로, 협잡꾼들의 위협으로, 병든 자아의 허상으로 공격하며 그날의 영광을 주목하지 못하도록 비웃고 조롱할 때 복음 편에 서 있는 당신, 주를 사랑하는 당신, 분연히 일어서십시오!

뻔뻔하게 거룩을 모독하는 더러운 자를 단번의 창으로 꿰뚫은 비느하스처럼, 골리앗 앞에 겁에 질려 숨죽인 이스라엘의 목전에 거룩한 용기로 나선 다윗처럼, 타락한 종교와 정치의 협잡 앞에 당당히 맞선 초대교회의 제자들처럼….

복음을 영화롭게 하십시오! 기도의 능선을 구축하십시오! 주님으로 쉬지 못하시게 하십시오! 열방이 주 볼 때까지!

영원을 소유한 사람, 그날의 영광에 사로잡힌 사람은 누구도 말릴 수 없습니다. 어떠한 실망으로도 주저앉힐 수 없습니다. 오직 주님만이, 그가 사랑하는 주님만이 그를 움직이고 멈출 수 있습니다.

가장 아름다운 동행

> 아버지여 내게 주신 자도 나 있는 곳에 나와 함께 있어 아버지께서 창세 전부터 나를 사랑하시므로 내게 주신 나의 영광을 그들로 보게 하시기를 원하옵나이다 요 17:24

두려운 밤길을 갈 때 선뜻 따라나서 줄 사람이 있습니까? 만 리 길을 떠날 때 아내와 자식을 맡길 친구가 있습니까? '홀로됨'의 두려움과 '함께함'의 행복을 성경은 이렇게 표현합니다.

> 두 사람이 한 사람보다 나음은 그들이 수고함으로 좋은 상을 얻을 것임이라 혹시 그들이 넘어지면 하나가 그 동무를 붙들어 일으키려니와 홀로 있어 넘어지고 붙들어 일으킬 자가 없는 자에게는 화가 있으리라 또 두 사람이 함께 누우면 따뜻하거니와 한 사람이면 어찌 따뜻하랴 한 사람이면 패하겠거니와 두 사람이면 맞설 수 있나니 세 겹 줄은 쉽게 끊어지지 아니하

느니라 전 4:9-12

친구는 사랑이 끊어지지 아니하고 형제는 위급한 때를 위하여 났느니라 잠 17:17

때로는 잘못된 인연으로 맺어져 벗어나지 못하는 고통스런 동행도 있고, 서로 도울 수 없는 무능함으로 안타까움만 더하는 경우도 있습니다. 얼마 전 멀리 타국에서 훈련 중인 딸이 다급한 상황을 맞은 적이 있었습니다. 지체할 수 없는 일이었습니다. 긴급히 현장에 도착하여 상황을 파악하고 최종 결단을 해야만 했습니다.

고국으로 후송하여 치료하는 것으로 결론지었으나 문제는 여행이었습니다. 특별한 조치를 할 수 없는 채로 20여 시간의 비행기를 포함한 장거리 여행을 한다는 것은, 무슨 일을 만날지 알 수 없는 두려움이었습니다. 대부분 만류했으나 주님만 신뢰하고 떠나기로 했습니다. 다음은 그날 아침, 두려움이 밀려오는 시간에 기도하던 중 기록한 글입니다.

아빠 손잡고 떠나는 여행, 위험하지만 행복한 여행! 주님과 함께 가는 여행, 안전하고 아름다운 여행!

태어나 처음으로 딸의 손을 잡고 이 고백을 들려주었습니다. 아무리 혈육의 사랑으로 함께해 준다지만 단지 같이만 있을 뿐이지 아무것도 해줄 수 없는 아쉽고, 부족하고, 위험한 여행이었습니다. 그렇게 절박한 순간에 주님을 부르자, 주님은 가장 안전하고 아름다운 동행이 있음을 알게 하셨습니다.

그것은 임마누엘 되시는 주님과의 동행이었습니다. 그 주님과 함께하면 어두운 길도 빛이 되고, 험한 길도 안전하게 되며, 대적의 길에서도 권능이 임하고, 불안한 길도 평안한 은혜로 충만하게 됩니다. 그 아름답고 놀라우신 주님이 창세 전부터 꿈꾸시던 비밀이 있습니다. 마침내 갈보리 언덕 십자가에서 이루어내신 완성된 꿈입니다.

> 아버지여, 아버지께서 내 안에, 내가 아버지 안에 있는 것 같이 그들도 다 하나가 되어 우리 안에 있게 하사 세상으로 아버지께서 나를 보내신 것을 믿게 하옵소서 내게 주신 영광을 내가 그들에게 주었사오니 이는 우리가 하나가 된 것 같이 그들도 하나가 되게 하려 함이니이다 곧 내가 그들 안에 있고 아버지께서 내 안에 계시어 그들로 온전함을 이루어 하나가 되게 하려 함은 아버지께서 나를 보내신 것과 또 나를 사랑하심 같이 그들도 사랑하신 것을 세상으로 알게 하려 함이로소이다 아버지여 내게 주신 자도 나 있는 곳에 나와 함께 있어 아버지께서 창세 전부터 나를 사랑하시므로 내게 주신 나의 영광을 그들로 보게 하시기를 원하옵나이다 요 17:21-24

바로 임마누엘(하나님이 우리와 함께하시다)의 꿈입니다. 땅과 하늘보다 더 먼 창조주 하나님과 피조물 사이, 지옥과 천국보다 더 멀고 먼 거룩하신 대주재와 더러운 죄인 사이. 하지만 아무도 떼어 놓을 수 없고 누구도 끊을 수 없는 하나님의 영원한 사랑이 예수 그리스도 십자가로 우리를 주님과 죽음에 연합되게, 부활로 하나 되게 하셨습니다. 이것은 첫 사람 아담의 실패한 사랑의 노래 "이는 내 뼈 중의 뼈요 살 중의 살이라"를 신부된 교회에게 이루신 영광이었습니다.

가장 완전하고 아름다운 동행, 임마누엘의 은혜가 나의 무능함도, 미래의 두려움도, 과거의 수치도, 적의 위협도, 죽음의 골짜기도 넉넉히 이기게 하십니다. 나의 달려갈 길 다가도록 나로 그 십자가 품게 하시고, 두려움 없이 부르심의 땅 끝을 밟게 하시며, 영광의 그날을 맞이하게 하십니다.

임마누엘의 영광스런 은혜가 영원히 함께하십니다.

다시 복음으로

지은이 김용의

2013년 11월 12일 1판 1쇄 펴냄
2017년 12월 15일 1판 7쇄 펴냄

펴낸곳 도서출판 예수전도단
출판 등록 1989년 2월 24일(제2-761호)
주소 서울특별시 마포구 성지 1길 7 (합정동)
전화 02-6933-9981 · **팩스** 02-6933-9989
전자우편 publ@ywam.co.kr
홈페이지 www.ywam.kr

ISBN 978-89-5536-436-1

책값은 뒤표지에 있습니다.
잘못된 책은 바꾸어 드립니다.